NEGOCIAÇÃO DE CRYPTOMOEDA PRO

Negocie por uma vida com tempo - estratégias testadas, ferramentas e técnicas de gerenciamento de riscos. Um guia contemporâneo, do iniciante ao profissional

Alan T. Norman

Tradutor: Marcelo Gil Machado

Obtenha seu Livro de Bônus grátis Bitcoin Whales (Bitcoin Baleia)

(Encontre-o no final do livro)

Direito autoral 2018 © Alan T. Norman Todos os direitos reservados.

Nenhuma parte desta publicação pode ser reproduzida, distribuída ou transmitida de qualquer forma ou por qualquer meio, incluindo fotocópia, gravação ou outros métodos eletrônicos ou mecânicos, ou por qualquer sistema de armazenamento e recuperação de informações sem a permissão prévia por escrito do editor, exceto no caso de citações muito breves incorporadas em revisões críticas e em alguns outros usos não comerciais permitidos pela lei de direitos autorais.

ÍNDICE

Prefácio 8

Capítulo 1. Compreendendo o mercado de criptomoedas e a psicologia do jogo 15

    Entendendo o mercado de criptomoedas 23

    Psicologia do jogo 28

    Baleias no mundo da criptografia 33

    Perspectivas para o desenvolvimento do mercado de criptomoedas 46

    Lição de casa 48

Capítulo 2. Escolhendo uma Troca e uma Plataforma para Análise Técnica 49

    As Top 10 trocas 65

    Plataforma de análise técnica online da Tradingview 71

    Lição de casa 79

Capítulo 3. Desenvolvendo um Algoritmo de Negociação 80

Capítulo 4. Análise Técnica 91

    O que é análise técnica? 91

Capítulo 5. Desenhando Níveis de Suporte e Resistência 105

    Linha de tendência 111

    Quebra de linha técnica 113

    Aceleração de uma tendência 114

    Desenhando um canal 115

    Lição de casa 119

Capítulo 6. Análise Gráfica 120

    Padrões de reversão 121

    Padrão de cabeça e ombros 122

    Cabeça e Ombros Inversos 125

    Topo Duplo 126

    Fundo Duplo 127

    Topo Triplo 128

    Fundo Triplo 129

    Padrões de continuação de tendência 130

    Bandeira 136

    Galhardete 138

    Cunha 139

    Lição de Casa 142

Capítulo 7. Análise por Computador 143

    Indicadores de tendência 145

    Média Móvel 146

    Nuvem Ichimoku (Ichimoku Cloud.) 150

    Alligator (JACARÉ) 155

    Osciladores 157

RSI 158

CCI 159

MACD 164

Divergência e convergência 166

Volume 170

Lição de casa 173

Capítulo 8. Linhas de Fibonacci 174

Retração de 50% 178

Retrocesso de 38,2% 179

Retração de 78,6% 179

Lição de Casa 185

Capítulo 9. Castiçais Japoneses e suas Combinações 186

Padrões de castiçais único 191

Padrões duplos de castiçais 196

Lição de Casa 204

Capítulo 10. Teoria das Ondas de Elliott ou Comércio de Ondas 205

Ondas de impulso 214

Ondas corretivas 218

Compatibilidade das ondas Elliott com outras ferramentas de previsão 225

Lição de Casa 230

Capítulo 11. Negociação em rompimentos dos topos locais e níveis importantes............... 231

Estratégia de torneiras triplas (Triple Taps) 237

Lição de Casa.. 243

Capítulo 12. Aplicação Combinada de Técnicas de Análise Técnica....................... 244

Lição de Casa.. 258

Capítulo 13. Desenvolvendo Sistemas de Negociação 259

Os principais componentes para tomar uma decisão de negociação................ 266

Lição de Casa.. 272

Capítulo 14. Profundidade do mercado ou estratégia de negociação com base na profundidade do mercado 273

Capítulo 15. Análise Fundamental.............. 279

Indicadores fundamentais para análise de moedas 287

Prós e contras da análise fundamental........... 292

Regulação do mercado de criptomoedas: prós e contras.................. 295

Lição de Casa.. 300

Capítulo 16. Gerenciamento de Risco e Dinheiro 301

Fatores que aumentam seus riscos comerciais 302

Gerenciamento de dinheiro 305

Como superar o rebaixamento 312

Capítulo 17. Diário do profissional 316

Como organizar seu dia de trabalho 319

Capítulo 18. Psicologia da negociação 322

Então, quais qualidades o profissional deve ter para ter sucesso? 323

Poder do pensamento e afirmações 324

Conclusão 328

Glossário de termos de criptomoeda 337

Sobre o autor 344

Livro de Bônus Bitcoin Whales 345

Outros livros do autor 346

Prefácio

Na era da penetração completa da Internet em todas as esferas de nossas vidas, há uma crescente pluralidade de pessoas que não concorda mais com o trabalho de colarinho branco no escritório das nove da manhã às seis da noite. A nova geração não está disposta a seguir a trilha batida de seus avós e bisavôs, que se formaram nas universidades, escolheram um emprego e trabalharam lá até atingirem a idade da aposentadoria. Além disso, estamos cansados de prazos constantes no trabalho, chefes com seus humores eternamente mutáveis e o mais ofensivo, a falta de carreira e crescimento financeiro.

A Internet deu às pessoas a oportunidade de romper esse círculo vicioso. As pessoas têm uma alternativa que pode oferecer recompensas financeiras e liberdade de trabalho de escritório, gerentes seniores e prazos.

Então, qual é essa alternativa fabulosa que dá a liberdade almejada de gerenciar seu próprio tempo e até toda a sua vida?

A maioria das pessoas sonha em não fazer nada (ou quase nada) e ser paga por isso, não é? E se eu lhe dissesse que esse sonho quase se tornou realidade?

De uma forma ou de outra, a Internet forneceu à humanidade uma variedade de opções para ganhos passivos. Enquanto está sentado no seu sofá, você pode vender algo, manter registros contábeis para alguém, fazer postagens no seu 'blog' ou viver com interesse em investimentos. Portanto, hoje em dia, você tem todas as hipóteses de obter uma boa renda no futuro investindo apenas uma pequena fração de suas habilidades, tempo e capital em negócios "passivos", onde não há escritórios e chefes!

Anteriormente, as pessoas obtinham renda passiva investindo em depósitos bancários, cooperativas de crédito, vários fundos e imóveis. No entanto, esses dividendos vieram lentamente ou com muito trabalho.

Agora existem novas "profissões" para receber renda passiva, incluindo o comércio. Não importa o quão difícil possa parecer à primeira vista, quase qualquer um pode dominar essa "ciência". No entanto, na última década, centenas de milhares de traders de todo o mundo se dedicaram a trabalhar em uma variedade de bolsas de valores, tentando se tornar milionários. Eles se sentam na frente dos computadores 24 (horas) por dia, sete dias por semana, invadindo trocas e tentando aumentar seu capital. Infelizmente, nem todos conseguem.

Com a criptomoeda surgida há vários anos, uma subespécie completamente nova de traders — traders de criptografia — apareceu no mercado. Em geral, o comércio de criptomoedas não difere muito do comércio típico. O princípio básico é o mesmo: "Compre na baixa, venda na alta". Independentemente do produto que você possui — estoques, petróleo, ouro ou criptomoeda — esse princípio permanece inalterado.

Então, quem são esses negociantes de criptografia "misteriosos" e o que você precisa para dominar essa profissão? Para ter sucesso no comércio de criptomoedas e no comércio de outros ativos, você precisará de:

- Tempo livre
- Capital
- Consciência básica dos conceitos econômicos
- Desejo de aprender constantemente e tentar novas estratégias;
- Estabilidade mental

Embora o comércio convencional e o comércio de criptomoedas tenham muito em comum, eles ainda têm suas diferenças. Vamos resolvê-las.

Se você é um comerciante comum (NÃO um comerciante de criptomoedas), sabe com certeza que a negociação em suas trocas podem ser acessada apenas através de um corretor. Um corretor fornece 'software' para interação com a central e fornece suporte técnico para esse trabalho. Esses serviços têm um preço, mas você não tem escolha, pois, não pode ficar sem um corretor na bolsa de valores. No entanto, se você negociar criptomoeda, terá acesso a qualquer troca. Independentemente de sua idade, status social, profissão ou tamanho de capital, você pode preencher um formulário de registro no site de uma bolsa (é melhor fazê-lo em várias bolsas), depositar fundos para negociação e iniciar seu próprio caminho de um operador de criptomoeda sem a ajuda de espectadores.

Você deve se lembrar que o mercado de criptomoedas opera 24/7. Ele não fecha nem abre em um determinado momento, como as bolsas de valores comuns. Ou seja, qualquer troca de criptomoedas está "viva" e funciona sem dormir e descansar.

Uma das principais vantagens e desafios do comércio de criptomoedas é a volatilidade. Este indicador mostra o intervalo de flutuações no valor de um ativo por um determinado tempo. Pode ser chamado de pré-requisito para negociação, uma vez que um trader lucra com a diferença entre o preço de compra e o preço de venda de um ativo.

No entanto, lembre-se de que a volatilidade não é um valor constante. Depende de muitos fatores e não pode ser previsto com precisão (às vezes a volatilidade é criada artificialmente para aumentar o preço de uma determinada moeda). Os comerciantes fazem cálculos com dados históricos, que foram formados em condições difíceis de mercado e que nunca mais serão repetidos. Portanto, vale a pena tratar os indicadores como uma referência aproximada.

Mas é a volatilidade que torna a criptomoeda tão atraente para a negociação. Os dados históricos ainda não foram acumulados (como a criptomoeda apareceu apenas alguns anos atrás e o comércio profissional de criptomoedas é ainda mais jovem), e as condições complexas do mercado acontecem bem diante dos seus olhos.

Aqui, quero advertir que a volatilidade pode ser jogada nas mãos de um profissional bem-sucedido, mas também pode ser um truque sujo para um iniciante.

Vamos resumir os principais prós e argumentos a favor do comércio de criptomoedas:

- Acesso a bolsas sem o envolvimento de corretores
- As trocas funcionam 24/7
- Volatilidade

Eu penso que você percebeu que o comércio de criptomoedas não é apenas uma ideia moderna de renda passiva que requer pressionar os botões "iniciar" e "parar". É uma geração constante de ideias e novas estratégias que ajudarão você a ganhar dinheiro.

Espero que este livro seja a pedra angular do seu bem-sucedido comércio de criptografia. Para ajudá-lo a aproveitar ao máximo essas páginas, desenvolvi tarefas práticas que você pode encontrar após cada seção do livro. Você pode fazê-las a qualquer momento conveniente, mas peço que não prossiga para a próxima seção antes de concluir a tarefa da anterior.

Por quê? Vou repetir (se você ainda não entendeu): negociar não é sobre teoria, é sobre prática. Portanto, se você tiver preguiça de praticar todos os instrumentos sobre os quais já leu, depois de ler o livro, verá os gráficos que não conseguem fazer cara ou coroa. Isso, no que lhe concerne, levará imediatamente a decisões comerciais incorretas, portanto, a perda financeira. O que as pessoas tendem a fazer nesses casos? É isso mesmo, procure o culpado. Faça as tarefas de casa, aprenda suas próprias práticas recomendadas e não tente me culpar por seus infortúnios se você tomar más decisões porque não praticou.

Não posso desempenhar o papel de personal trainer e não persigo esse objetivo. Não posso ficar ao lado de sua cama, apontando para o livro com meu dedo indicador, pedindo que você faça sua lição de casa. Depende de você decidir se fará as tarefas, portanto, os resultados também dependem de você.

Em resumo, espero que meus leitores sejam futuros comerciantes bem-sucedidos; portanto, eles estão prontos para estudar e trabalhar muito hoje para obter ganhos futuros.

Portanto, não vou atrasar o início do seu treinamento, mas quero observar que esse processo não deve ser unilateral. Portanto, se você se beneficiou do meu livro, serei grato por seus sinceros comentários sobre ele na Amazon. Se você tiver alguma dúvida ou não encontrar explicações suficientes em alguma seção, sinta-se à vontade para me enviar um e-mail. Meu assistente estruturará todas as perguntas e tentarei desvendar mais detalhes na próxima edição.

Você está pronto para embarcar no treinamento? Então vamos!

P.S. Todas as imagens do livro você pode ver em alta qualidade aqui - bit.ly/pics-cpro

Capítulo 1. Compreendendo o Mercado de Criptomoedas e a Psicologia do Jogo

Para entender o comércio, em geral, e o comércio de criptomoedas em particular, precisamos mergulhar em alguns processos financeiros, dos quais fazemos parte.

Como todos usamos os serviços do setor bancário e não apenas gastamos ou depositamos nosso dinheiro merecido em depósito, mas sonhamos com um futuro sem nuvens no final da vida, transferimos parte da receita para fundos de aposentadoria, previdência social e pensões. Automaticamente se tornam participantes do sistema bancário e do mercado de ações. Pagamos contribuições para a aposentadoria por toda a vida, mas poucos de nós pensamos na própria estrutura do setor financeiro e em como o Estado dispõe de nossa futura pensão.

Infelizmente, o sistema financeiro de qualquer país é construído de tal maneira que não possuímos nosso capital. O movimento circular de empréstimos e contribuições para aposentadoria torna o dinheiro um tanto virtual, pois, constantemente escorrega pelos dedos do estado, dos gestores de fundos e das empresas privadas. Ao mesmo tempo, os bancos centrais de qualquer estado exercem o monopólio das emissões em relação à moeda, e essa função é atribuída a eles pelo estado. Teoricamente, a moeda é garantida com mercadorias ou produtos produzidos no território de um país. É assim que seu PIB é formado. Ao mesmo tempo, os bancos centrais se comprometem a manter a confiabilidade e a estabilidade da moeda nacional.

Parece que tudo está claro e bom, mas o problema é que é apenas uma imagem ideal. A realidade, infelizmente, é um pouco diferente. O estado e os bancos centrais não cumprem suas obrigações para garantir a estabilidade da moeda, e o valor do dinheiro desaparece devido à inflação e à flexibilização quantitativa. "Como desapareceu? Nós não fomos informados sobre isso!" você pode mencionar por direito. Vou tentar substanciar minha afirmação.

O valor do dinheiro, incluindo a poupança de aposentadorias, portanto, a estabilidade do nosso futuro, parecia mais otimista antes de 1976. Até aquele momento, o sistema de aposentadoria trabalhava da seguinte maneira: as pessoas depositavam dinheiro no Fundo de Pensão, os juros eram acumulados sobre os depósitos, e o estado usou esses fundos para fazer pagamentos. Mas os chamados Acordos da Jamaica mudaram um pouco o curso da história.

Foi decidido desmonetizar o ouro, e o ouro se transformou em uma mercadoria de troca comum. Assim, todos os acordos aprovados no âmbito dos Acordos da Jamaica permitiram que o preço do ouro flutuasse em relação ao dólar americano e a outras moedas. Foi uma espécie de apelo para muitos países se livrarem do ouro. Os países não atrasaram a decisão relevante. Uma série de países decidiu abandonar esse metal precioso e não vincular sua moeda nacional à reserva de ouro do país.

Peço que se concentre agora, porque desde 1976 o sistema de crédito de cada país aumentou centenas de milhares de vezes!

Os Acordos da Jamaica transformaram dinheiro em números. O sistema começou a se unificar depois que o ouro foi abandonado, assumindo a forma de enormes contas bancárias unificadas que não têm 'backup' nem são garantidas. Quanto ao Fundo de Pensões, não é mais um tipo de cofre para sua poupança. É um tipo de fundo de hedge que coleta ativos de você como investidor e os descarta a seu critério. Nossos fundos de pensão passaram a fazer parte do orçamento do Estado e passaram a ser utilizados para outras necessidades do governo. Agora, o Fundo de Pensões é uma espécie de conta bancária. Se você analisar o sistema de pensões dos países mais desenvolvidos, descobrirá que os fundos de pensão são gastos em outras necessidades sociais. É por isso que os depósitos de pensão não existem em uma conta em algum lugar.

Apesar de todos esses fatores, a classe média permaneceu a força motriz do sistema de pensões, que não é mais sustentado por nada. A maioria das pessoas não se preocupa com a forma como o Fundo de Pensões descarta dinheiro, então continua reabastecendo suas reservas. Como abelhas em uma colméia, elas trazem mel para o sistema regularmente, mas não conseguem usá-lo.

Isso não lembra uma pirâmide? E eu não estou falando sobre as pirâmides no Egito!

Permitam-me mencionar que não apenas o sistema de pensões, mas o sistema bancário como um todo, tem os sinais desse mesmo esquema de pirâmide. Todos os participantes deste sistema recebem renda apenas à custa do influxo de "sangue novo", isto é, o recebimento de novos investimentos de novos participantes.

A propósito, discutimos a crise do sistema financeiro, mas deve-se notar que as negociações também passaram por um período de dobradiça. Ela está associada não aos Acordos da Jamaica em 1976, mas à crise financeira global de 2008. A crise, assim como a disponibilidade de sistemas móveis e a prevalência do próprio comércio, impediram os comerciantes profissionais de ganhar somas exorbitantes de dinheiro.

É interessante que a crise e a revolução no comércio foram organizadas pelos maiores bancos de investimento do mundo. Tentando enganar um ao outro, eles jogaram um jogo desonesto, inventando vários derivativos (notas promissórias, títulos, etc.). Tais produtos, inventados pelos bancos, começaram a confundir a situação no mercado. A primeira onda do outono chegou ao mercado em 1998, mas a situação foi sanada. No entanto, em 2008, mesmo a reputação de um trader, que traz para todo o sistema enormes somas de dinheiro, não conseguiu impedir o colapso do mercado e o início de uma crise econômica global.

Portanto, acredito que todos os bancos de investimento se desacreditaram como instituições profissionais confiáveis para gerenciar finanças. Essa situação terminou com os comerciantes profissionais reais mudando para fundos de hedge.

Acredito que é hora de traçar o primeiro paralelo entre dinheiro (fid) convencional e criptomoeda. Como lembramos, as decisões tomadas no âmbito dos Acordos da Jamaica reduziram significativamente o valor do dinheiro, porque todo o ciclo cambial começou a ser construído apenas com base em dívidas. Pelo contrário, o valor da criptomoeda continua crescendo. Além disso, a criptomoeda não está sujeita à inflação, uma vez que a criação de novas moedas vem de um algoritmo previsível, não de um banco central.

Assim, se refletirmos sobre a questão da previdência no contexto das informações acima mencionadas, podemos tirar as seguintes conclusões:

- Você precisa "consertar suas velas enquanto o tempo estiver bom", ou seja, pensar em uma renda decente na velhice agora
- Você precisa procurar uma alternativa para uma pensão

O comércio pode ser uma dessas alternativas à pensão. No entanto, a grande maioria das pessoas ignora essa opção de ganhos, porque acredita que esse tipo de atividade exige ser um gênio financeiro e ter um talento inato para negociar. As pessoas enchem suas cabeças com definições como "padrão", "análise", "modelagem técnica", "configurações de castiçais", portanto, escolhem outras opções mais simples, assim pensam, ganhando.

Mas quero animá-lo: estar em termos próximos com todos os conceitos acima mencionados é um mito. Para ter sucesso na negociação, você precisa dominar os conceitos básicos da negociação e os princípios do trabalho nas trocas. Você só precisa entender as principais mecânicas do mercado: quem vende e como e quem compra e como. Mas você não precisa reinventar a roda. Tudo o que é necessário já é conhecido.

Portanto, embarcar na "profissão" de um profissional exige o domínio dos princípios básicos do mercado, descobrir como analisar (ou seja, avaliar a situação atual) e, como resultado, tomar decisões comerciais.

Ao mesmo tempo, quero dissipar as esperanças daqueles recém-chegados que já prepararam suas carteiras para obter lucros super, mas vão dedicar algumas horas por semana a esse assunto. Para ter sucesso, o que significa obter uma boa renda, você terá que se atualizar constantemente, manter-se a par de novos métodos, seguir traders experientes, ler as notícias do mercado, etc. Portanto, o trabalho de freelancer não funciona aqui, amigos!

Ao mesmo tempo, os comerciantes precisam manter a calma e o foco. Deixe-me lembrá-lo de que o mercado de criptomoedas é muito volátil, mas, apesar disso, os traders devem fazer previsões sobre o melhor momento para entrar e sair do mercado. E todas essas operações arriscadas precisam ser repetidas várias vezes. Portanto, o equilíbrio emocional é um dos melhores amigos do profissional. Voltaremos à psicologia de um profissional de sucesso mais algumas vezes.

Agora vamos falar brevemente sobre os atores do mercado de criptomoedas. É necessário distinguir entre dois tipos de comerciantes: comerciantes profissionais e comerciantes de varejo. O primeiro grupo inclui aqueles que foram submetidos a treinamento e certificação especiais. Como regra, essas pessoas trabalham em grandes empresas de investimento e especulam no mercado com somas "arrumadas" de dinheiro. Um comerciante de varejo realiza operações de negociação no mercado sem ter uma licença especial. Essas pessoas trabalham por conta própria e, em regra, gerenciam somas muito menores.

A desvantagem do trabalho de traders profissionais é que eles não possuem os fundos que gerenciam. Ao mesmo tempo, os profissionais negociam um relógio de ponto, tentando sobreviver em uma concorrência feroz. Pelo contrário, os comerciantes de varejo podem tomar decisões a seu critério.

Como considero que meu dever não é apenas ensiná-lo, mas também alertá-lo, quero observar que os comerciantes de varejo devem estar sempre prontos para perder seu capital, pois, existe uma regra tácita no mercado chamado "90.90.90", o que significa que 90% dos traders perdem 90% de seu capital nos primeiros 90 dias de trabalho. Todos esses fundos perdidos não se dissolvem. Eles ficam no mercado.

ENTENDENDO O MERCADO DE CRIPTOMOEDAS

Tendo lidado com todas as armadilhas do sistema bancário e previdenciário, vamos definir: O QUE É A NEGOCIAÇÃO DE CRIPTOMOEDA? Tenho três respostas para esta pergunta para você:

- É uma oportunidade para começar a ganhar dinheiro investindo em uma criptomoeda
- É uma oportunidade de fazer uma fortuna em um curto período de tempo
- É um instrumento lucrativo com pouco risco se negociado corretamente

Meus leitores, sabendo da minha rica experiência neste campo, também costumam me fazer as seguintes perguntas:

- Vale a pena investir em criptomoeda agora?
- Vale a pena negociar em geral?
- Por que devemos analisar a criptomoeda?
- Como invisto sem ter experiência?

- É melhor investir você mesmo ou confiar isso a profissionais?

Tenho certeza de que todas essas perguntas passaram pela sua cabeça, mas vamos começar primeiro com princípios básicos.

A criptomoeda_é um tipo de moeda digital, cuja criação e controle são baseados em métodos criptográficos. Como regra, a criptomoeda usa controle descentralizado, ou seja, não há órgãos reguladores neste campo. O controle descentralizado de cada criptomoeda funciona através da tecnologia de contabilidade distribuída, normalmente uma blockchain. As informações sobre transações geralmente não são criptografadas e estão disponíveis em domínio público. Para garantir a continuidade da cadeia de blocos de transações, são utilizados os elementos de criptografia (assinatura digital baseada em um sistema de chave pública).

Agora, deixe-me responder à pergunta: por que a criptomoeda é tão importante para mim?

A criptomoeda permaneceu o ativo mais lucrativo dos últimos anos, bem como o único ativo que um investidor não profissional pode usar para aumentar seu capital várias vezes. Você não precisa de conhecimento excelente, contatos sociais úteis ou grandes investimentos iniciais.

É um ativo liberal e democrático que pode aumentar seu capital exponencialmente. Esse é o ponto mais atraente de criptomoeda para mim. Penso que você vai concordar.

Mas, a pergunta mais frequente é: como podemos usar as oportunidades que a criptomoeda abre diante de nós? Em 2017, era um pouco mais fácil aproveitar essas oportunidades. Muitas pessoas produziram enormes resultados apenas investindo em moedas diferentes. Mas o ano de 2018 começou com a queda acentuada da criptomoeda. As pessoas começaram a procurar outras maneiras de se beneficiar da criptomoeda. Negociação é uma dessas maneiras.

Por um lado, suas vantagens são a independência do mercado e a alta lucratividade. Por exemplo, muitas empresas de trading apresentaram resultados financeiros fascinantes até o final de 2017. Mas não espere que o caminho do trading seja fácil (como pode parecer para alguém), também não é rápido. Portanto, você deve entender que há um grande número de deficiências e riscos nas negociações. E o maior risco para um investidor inexperiente é que o resultado da negociação depende de uma análise qualitativa da situação do mercado e dos ativos que você deve comprar. É difícil para um iniciante. Embora em

2017 o mercado ainda possa ser analisado, agora é quase completamente manipulador.

Alguns de vocês podem se perguntar porque a análise é tão importante no comércio de criptomoedas. A análise da criptomoeda é necessária para prever o comportamento de um preço da moeda no mercado. É a análise qualitativa que aumenta a probabilidade de prever o resultado correto da transação. Se você estava adivinhando que o Bitcoin iria subir ou descer, digamos nos próximos dois dias, jogando uma moeda, você adivinharia o resultado certo apenas em 50% dos casos. É impossível fazer uma fortuna dessa maneira. A análise é necessária para melhorar a qualidade de nossos palpites.

O que queremos adivinhar?

- Ponto de entrada (Entry point)
- Ter lucro (Take profit)
- Parar as perdas (Stop loss) (um limitador de perdas que permite minimizar suas perdas e fechar a posição se algo der errado)

Agora vamos discutir isso em mais detalhes.

O que é um ponto de entrada? É um preço de criptomoeda no qual abrimos uma posição. É nesse ponto que há hipóteses de o preço se mover na direção da previsão.

Ter lucro é o preço pelo qual fechamos a posição com lucro. Se tudo correr conforme o planejado, estamos prontos para dizer "Chega" agora.

Parar as perdas são o nível de "corte" de perdas é o preço pelo qual liquidaremos a posição com prejuízo, no caso de uma mudança desfavorável no preço. Por exemplo, esperamos que um preço suba de 100 para 200, mas ele suba para 105 e depois desça. Para evitar tais situações, estabelecemos um preço no qual queremos liquidar a posição se nossa previsão estiver errada.

Para "adivinhar" corretamente com mais frequência, aplicamos três tipos de análise:

- Fundamental
- Técnica
- Computador

No entanto, os tipos de análise são um elo de uma cadeia. É necessário entender os princípios básicos do funcionamento do mercado. Afinal, se você não tem ideia do mecanismo interno de um carro, não aprenderá a dirigir corretamente.

Portanto, para entender o mercado de criptomoedas, você precisa saber:

- Princípios de monitoramento do mercado de criptomoedas
- surgimento do mercado de criptomoedas, razões para seu sucesso
- Previsão e perspectivas de desenvolvimento
- Serviços e sites para comerciantes
- Trocas para negociação
- Algoritmo de negociação completo

Trataremos de todos esses problemas neste livro.

PSICOLOGIA DO JOGO

Estou pronto para jogar uma bola curva novamente (aqui imagine uma risada ampla como nos filmes de terror :)

Então, se você pensa que, tendo estudado o mercado, os princípios da análise fundamental e técnica, você se tornará um profissional de sucesso, vou decepcioná-lo — isso não é suficiente.

Você esqueceu um aspecto muito importante. Para ter sucesso na negociação, você também precisa entender a psicologia do jogo no mercado de criptomoedas. Além disso, é necessário distinguir entre a psicologia do jogo da multidão e a psicologia do jogo dos participantes do mercado com grande capital.

Ao trabalhar em mercados especulativos em massa, um trader individual enfrenta os seguintes riscos:

- As decisões da multidão são tomadas no nível de seu membro mais estúpido. Portanto, as decisões tomadas pela multidão não são inteligentes
- Os boatos costumam controlar a multidão, e os rumores tendem a não ser justificados
- Uma pessoa tende a ser influenciada pela multidão e a tomar decisões coletivas e não individuais.

Portanto, para evitar esses riscos, você precisa aprender a diferenciar suas transações individuais das transações que você faz seguindo o exemplo da multidão. Você precisa tentar se tornar um tipo de psicólogo e sentir o momento em que suas emoções podem prejudicar o comércio.

De que emoções estou falando?

A PRIMEIRA EMOÇÃO É A GANÂNCIA.

A ganância geralmente segue uma sensação de euforia. É uma consequência de uma certa experiência. Digamos que você tenha um interesse muito bom em seu depósito pela primeira vez, então se apaixona por uma paixão. Posteriormente, você faz outra aposta — e tem sorte novamente. Depois disso, aceite minha palavra, você não ouvirá mais ninguém. Você tratará qualquer ideia sólida em seu ambiente sobre a necessidade de interromper um delírio absoluto. E, porquê? Porque você começou a se sentir ganancioso!

E como a ganância se manifesta no mercado de criptomoedas? Muitos traders esperam comprar moeda pelo preço mais baixo e vender pelo preço mais alto, ou seja, eles não procuram um ponto para bloquear seus lucros, mas mantêm uma moeda, esperando que seu preço cresça sem parar.

Dica: *se você tiver a oportunidade de fechar um negócio e obter um benefício agora, é melhor fazê-lo, em vez de esperar pela sorte e continuar esperando.*

A SEGUNDA EMOÇÃO É ESPERANÇA E EXPECTATIVA.

Depois de cair em uma armadilha da ganância, você começa a sentir esperança e expectativa.

Em particular, as pessoas que chegaram ao mercado com confiança de que aqui ganharão milhões de dólares esperam que as coisas funcionem a longo prazo com pouco esforço. Infelizmente, não é tão simples quanto parece à primeira vista. Para ganhar dinheiro aqui, você terá que trabalhar sua cauda.

Quando a esperança e a expectativa aparece no mercado de criptomoedas? Quando você espera sem qualquer motivo e aguarda uma reversão de preço?

Dica: *você precisa entender porque o preço deve reverter (usando todos os tipos de análise), em vez de esperar e esperar.*

A TERCEIRA EMOÇÃO É O MEDO.

Geralmente, essa emoção surge da ignorância ou mal-entendido do que deveria ser esperado. Por exemplo, você tem medo do escuro, mas se a verdade for dita, você tem medo de não saber o que poderia esconder no escuro. Portanto, o medo surge quando você não tem respostas para certas perguntas.

Quando o medo aparece no mercado de criptomoedas? Aparece quando o preço da moeda começa a cair. E quanto mais baixo o preço cai, maior o medo que você sente.

O que os comerciantes fazem quando são apreendidos com medo? Alguns continuam fazendo novas compras, usando a estratégia de média móvel, enquanto outros fecham as posições após o primeiro declínio. No entanto, existe uma terceira categoria de pessoas: elas não fazem nada, exceto parecerem fascinadas no gráfico.

Dica: não há nada pior do que olhar para o preço em queda. Se você começar a sentir medo em um determinado momento da negociação e fizer movimentos não planejados, determine a causa do medo e interrompa-o.

Para abrir e fechar todas as posições "dentro do cronograma", certifique-se de manter o **diário de um profissional**. Se você pensa que é fácil lembrar de todas as transações e não precisa do diário de um profissional, escolha uma abordagem longe do profissional em relação à negociação, o que leva a erros repetidos.

Portanto, ao negociar, você precisa desligar suas emoções, pois, elas terão um impacto no seu gráfico (análise técnica) de uma maneira ou de outra. Pense não apenas como analista, mas também como psicólogo. Identifique emoções nas fases iniciais e interrompa-as a tempo.

Para entender a psicologia do mercado, você também precisará estudar algumas de suas leis, uma certa lista de regras reveladas no mercado.

A lei do acaso. Você nunca sabe o que pode acontecer no próximo momento; portanto, esteja sempre pronto para tudo — com grandes retornos e perdas. Portanto, leve em consideração possíveis acidentes ao fazer seus cálculos de mercado.

Lei de Sod. Você pode fazer cálculos e previsões perfeitas e receber aparentemente confirmação de 100%, mas alguém muda as regras do jogo quando você faz um acordo. Nunca se esqueça de tal probabilidade. Esteja pronto para alterar as regras do jogo.

Lei do otimismo. As pessoas tendem a exagerar as hipóteses de ganhar. Esse exagero pode pressioná-lo a fazer acordos com os preços mais impensáveis e com os primeiros oferecidos. Às vezes, seu pior inimigo é você mesmo!

A lei de causa e efeito. Se você observar algum movimento, tente encontrar o motivo que o causou. Recomendo não fazer negócios sem entender o que faz o preço se mover em uma direção ou outra. Não há movimento sem uma razão.

BALEIAS NO MUNDO DA CRIPTOGRAFIA

Você provavelmente já ouviu falar que o mercado de criptomoedas é "habitado" por hamsters, baleias e muitas outras espécies de animais. Isso pode parecer ridículo, mas é verdade. Imagine que o mercado de criptomoedas é o oceano. Consequentemente, os comerciantes habituais são pequenos peixes, os grupos de bombeamento são tubarões e os maiores proprietários de ativos são baleias. Acredita-se que as baleias controlem o mercado de criptomoedas e possam entrar em colapso a qualquer momento. Mas é assim e os investidores comuns (como nós) podem se beneficiar das ações das baleias? Vamos ver!

QUEM SÃO AS BALEIAS NO MERCADO DE CRIPTOMOEDAS?

Baleias são grandes jogadores que possuem grandes quantidades de criptomoedas e podem gerenciar o mercado comprando e vendendo ativos.

Essas baleias abrigam até no mercado de ações comum, mas têm muito mais oportunidades no mercado de criptomoedas:

- A capitalização de mercado de criptomoeda (cerca de US $300 bilhões) é muito menor, por isso é muito mais fácil acumular um grande número de moedas em suas mãos do que tentar se tornar uma baleia em um mercado convencional (com uma capitalização de US $65 trilhões).
- As baleias podem gerenciar grandes somas sem sentir pressão de bancos e reguladores financeiros, pois, não há regulamentação em larga escala, apesar das realidades do controle estatal mais rigoroso sobre a criptomoeda.
- mercado de criptomoedas ainda é muito jovem e opera de acordo com as leis não

típicas do mercado tradicional. O preço de uma criptomoeda é determinado pela demanda e grandes detentores de ativos podem manipulá-lo.

A principal característica das baleias é que elas possuem grandes quantidades de criptomoeda e seu principal objetivo é gerenciar o preço dessa criptomoeda para benefício próprio. Para esse fim, uma moeda deve ser muito popular e demandada.

Todos os dias, milhares de pequenos peixes (investidores comuns) despejam seu dinheiro no oceano comum, enquanto as baleias estão colhendo seus benefícios. É por isso que o mercado de Bitcoin é de particular interesse para essas baleias.

Vamos agora resolver que tipos de baleias vivem no mercado de criptomoedas:

- Os primeiros adotantes do Bitcoin, que foram os primeiros a minerar ou comprar grandes quantidades de moedas e agora têm milhares, ou mesmo dezenas de milhares de Bitcoin em suas contas.
- Investidores ricos, que conseguiram comprar grandes quantidades de Bitcoin nos primeiros dias de sua popularidade.
- Grandes investimentos e fundos de hedge

- Grandes empresas que podem comprar ou extrair um grande número de moedas para seu próprio benefício (por exemplo, trocas de criptomoedas ou produtores de equipamentos de mineração).

De acordo com os dados mais recentes, no momento da redação deste artigo, cerca de 80% de todo o Bitcoin minerado pertencia a 110 pessoas. São as baleias que têm alavancas reais de influência no preço de mercado do Bitcoin.

Aqui está uma pequena lista das baleias Bitcoin mais famosas:

- Roger Ver (150.000 BTC)
- Binance Exchange (160,000 BTC)
- Bitfinex exchange (190,000 BTC)
- Bitmain company (350,000 BTC)
- Winklevoss twins (450,000 BTC)
- criador do Bitcoin, Satoshi Nakamoto (ele é dono de um milhão de moedas).

Se você acha que apenas o Bitcoin está concentrado nas mãos de um círculo estreito de baleias, você está enganado. O mesmo vale para outros tipos de criptomoeda. Por exemplo, 40% de todas as moedas do Ethereum estão localizadas nas 100 principais carteiras de criptografia dessa moeda.

Com as criptomoedas Qtum, Gnosis e Storj, esse número chega a 90%.

As baleias Bitcoin são as mais influentes no mercado, porque o bitcoin tem a maior capitalização e valor de mercado de qualquer moeda.

Apesar de todos esses fatos, ouço quase diariamente as exclamações dos céticos de que não existem baleias, e um pequeno grupo de pessoas não consegue administrar o preço da criptomoeda. Mas os fatos permanecem fatos e falam por si. Pessoas com uma quantidade colossal de criptomoedas em suas carteiras podem gerenciar todo o mercado.

Então, quais estratégias as baleias usam no mercado de criptomoedas?

Vou destacar várias estratégias que as baleias usam no mercado de criptomoedas.

Enxague e repita. O principal truque dessa estratégia é reduzir o preço de uma determinada criptomoeda, tanto quanto possível, para poder comprá-la pelo preço mais baixo um pouco mais tarde. Implementar essa estratégia é como pegar doces de um bebê: a baleia vende seus ativos em grande escala a um preço abaixo do mercado, e o pequeno peixe-comum, assustado com o colapso das criptomoedas, também começa a vender seus ativos. Como resultado, o preço da criptomoeda cai ainda mais baixo e a baleia compra moedas a esse preço caído. A compra em larga escala faz o preço subir novamente e a baleia repete seu ciclo.

Aqui está um exemplo. Uma baleia tem 10 000 BTC. O preço atual é de US $6.000, e a baleia estabelece pedidos para vender Bitcoin por US $5.800. Suponha que ele "jogue fora" 6 000 BTC no mercado. Tendo notado isso, os comerciantes comuns decidem que o Bitcoin segue a tendência de baixa ou entra em colapso. Assim, eles começam a se livrar de seus ativos. Se ele se tornar maciço (é o que as baleias estão tentando alcançar), o preço do Bitcoin pode cair para US $5.000 ou até mais baixo. Nesse caso, a baleia devolverá seus 6 000 BTC, que ele havia vendido anteriormente, e compraria mais moedas a um preço reduzido.

E agora vamos contar. A baleia vendeu seus 6 000 BTC por US $34 milhões. Se o preço cair para US $5.000, ele poderá comprar 7 000 BTC por esse dinheiro. Ou seja, seu lucro sujo totalizará US $5 milhões. Essa é apenas uma rodada de "lavagem", e a baleia está interessada em "enxaguar" o máximo de moedas possível dos comerciantes comuns.

Falsificação. O principal objetivo de uma baleia nessa estratégia é fazer com que outros jogadores acreditem no colapso ou no crescimento de uma determinada criptomoeda. Para fazer isso, a baleia nem precisa jogar fora seus próprios ativos no mercado, pois, basta fazer grandes pedidos na bolsa e cancelá-los antes de serem executados. Além disso, essa estratégia envolve ordens de compra e venda.

No primeiro caso, a baleia faz um pedido para comprar uma grande quantidade de criptomoeda (por exemplo, Bitcoin), aumentando assim o muro de vendas. Outros comerciantes veem e começam a comprar Bitcoin em massa, esperando um aumento de preço. A baleia espera até que o preço atinja seu pico, cancela o pedido e vende parte de seus ativos a um preço supervalorizado.

No segundo caso, a baleia faz um pedido para vender uma grande quantidade de Bitcoin a um preço abaixo do valor de mercado. Os comerciantes comuns apertam o botão de pânico e despejam seus ativos. A baleia aguarda a queda máxima do preço, cancela seu pedido e compra Bitcoin.

O ponto principal dessa estratégia é colocar ordens que não podem ser executadas.

Por exemplo, se uma baleia vender 10 000 BTC a um preço baixo, e o resto dos comerciantes tiverem dinheiro suficiente para comprá-las, a baleia simplesmente perderá seus ativos. Se os traders falharem em comprar a quantia inteira, o restante dos jogadores terá que esperar até que a ordem seja executada ou reduzir o preço de venda. E isso está brincando na mão da baleia.

Jogo de balcão. Alguns especialistas acreditam que muitas baleias no mercado de criptomoedas negociam ativos no mercado de balcão (OTC). É um tipo de mercado negro em que as baleias podem comprar uma enorme quantidade de moedas fora da vista do público. O comércio não público é realizado em grupos fechados, através das principais corretoras de balcão ou nas bolsas que oferecem as chamadas "taxas privadas". Os corretores, que oferecem a seus clientes preços mais baixos e trabalham apenas com os maiores jogadores, são de particular interesse para as baleias.

Por exemplo, os conhecidos corretores de balcão Circle e Cumberland restringiram o acesso de novos participantes: US $100.000 é a taxa para entrar no círculo de favoritos, US $250.000 — para o comércio de criptomoedas.

Trabalhando com esses corretores, as baleias podem comprar criptomoedas umas das outras e até coordenar suas ações. Tendo comprado um grande número de moedas, elas vão para trocas comuns e influenciam o preço da criptomoeda conforme necessário.

Pode parecer que as baleias são bombardeiros de alto escalão.

No entanto, não é assim. Os pumpers aumentam o preço do altcoin adequado para o Pump & Dump. Eles agitam a comunidade de criptomoedas, manipulam ganchos de notícias, reúnem grupos de bombas para comprar moedas e assim por diante. As baleias, no entanto, influenciam o mercado em direção ao preço preferencial de um ativo que possuem. Eles também agem juntos frequentemente, e o principal alvo da maioria das baleias é o Bitcoin. Altcoins pouco conhecidos não os interessam.

Como as baleias influenciam o mercado de criptomoedas?

Muitos investidores acreditam que as baleias têm um impacto negativo no mercado de criptomoedas, privando os pequenos participantes de seus lucros. Além disso, a comunidade de criptomoedas há muito tempo discute as teorias da conspiração dizendo que as baleias querem colapsar todo o mercado ou garantir seu próprio controle total sobre ele. Vamos tentar responder a essa pergunta analisando os argumentos dos teóricos da conspiração.

Por exemplo, aqui está uma teoria: as baleias estão estocando Bitcoin para controlar o mercado após o final da era da mineração. De acordo com os cálculos, todo o Bitcoin será extraído dentro de 5 a 6 anos, e os desenvolvedores terão que transferir a rede para a mineração PoS, o que significa que os maiores detentores de moedas — as baleias — se beneficiarão mais das recompensas PoS. Atualmente, muitas pessoas afirmam que o colapso do Bitcoin, que começou no inverno de 2018, foi desencadeado por baleias. Eles já estão se preparando para a mineração de PoS e estão fazendo todo o possível para comprar o maior número possível de moedas. No entanto, devido ao colapso do preço do Bitcoin, um grande número de usuários saiu, enquanto muitos investidores em potencial não entraram nele, esperando o próximo outono. O Bitcoin começou a seguir uma tendência de queda, e isso afetou não apenas o bolso do comerciante comum.

De fato, as baleias precisam que a criptomoeda seja popular e demandada pelo maior número possível de jogadores. Afinal, quando os ativos das baleias caem de preço, seus portefólios também ficam mais baratos. A longo prazo, não é lucrativo para eles recolher a criptomoeda.

No entanto, existem outras opiniões sobre as baleias no mercado de criptomoedas. Alguns dizem que não são um fenômeno negativo. Esses jogadores existem em qualquer mercado. Eles sempre definem o vetor do desenvolvimento e se unem para liderar o mercado. Portanto, até certo ponto, as baleias exercem uma influência positiva no mercado. Afinal, enquanto eles estão interessados na criptomoeda que possuem, eles também estão interessados em evitar o colapso.

Além disso, muitas baleias (incluindo Nakamoto) nem usam seus ativos para reduzir ou aumentar o preço da criptomoeda. Eles mantêm moedas em suas carteiras, mantendo um equilíbrio no mercado.

Deve-se mencionar que mesmo as baleias que brincam com os muros de venda e enxáguam o Bitcoin podem ser úteis para um investidor comum. Para usá-los em seu benefício, você precisa pegar a onda que eles criaram.

Como um investidor comum pode lucrar com as ações das baleias?

Sim, você entendeu direito. Você pode se beneficiar das baleias. É uma onda criada por uma baleia, que é uma oportunidade ideal para entrar no mercado. Por exemplo, quando uma baleia aguenta e faz pedidos para vender grandes quantidades de criptomoedas a um preço mais baixo que o mercado, o preço naturalmente cai. A maioria dos comerciantes começa a vender seus ativos, mas seria muito mais inteligente começar a comprá-los como uma baleia. Quando uma baleia aumenta a barreira de compra e outros comerciantes começam a comprar criptomoedas, aumentando o preço, é hora de vender seus ativos.

Aqui, a 'nuance' mais importante é poder perceber a tendência de uma baleia com o tempo. Existem duas maneiras de fazer isso:

- Monitorar a movimentação de fundos (em particular, Bitcoin) nas maiores carteiras de criptomoedas. Você pode fazer isso em www.bitinfocharts.com. Uma grande transferência da carteira indica que uma baleia está jogando seus ativos no mercado, o que significa que devemos esperar pelas mudanças de preço. Se cair drasticamente, faz sentido comprar criptomoeda rapidamente, se de repente pular — para vender. O sinal mais claro é quando as transferências são feitas de várias carteiras superiores.

- Seguir o livro de pedidos nas trocas de criptomoedas de nível superior. A colocação de pedidos para comprar ou vender grandes quantidades de criptomoedas está principalmente relacionada a jogos de baleias. Se você vir uma parede de compra supervalorizada, não se apresse em comprar moedas. É melhor aguardar o pico e vender seus ativos a um preço benéfico. Se uma baleia mantiver uma aparência de colapso (supervalorizando a parede de vendas), aguarde uma séria recessão e compre moedas. Afinal, em breve uma baleia os comprará barato e aumentará o preço.

Vou dar um conselho: se você é um comerciante inexperiente, não siga as tendências das baleias. Para jogar como eles, você precisa pensar como eles. Você deve poder determinar as paredes supervalorizadas de compra e venda, analisar a situação geral do mercado e avaliar corretamente a situação nas trocas. Se você tiver essas habilidades, poderá gerar lucros.

PERSPECTIVAS PARA O DESENVOLVIMENTO DO MERCADO DE CRIPTOMOEDAS

Você já se perguntou por que a criptomoeda está se tornando cada vez mais popular? Isso ocorre principalmente porque o poder de compra do dinheiro fiduciário continua caindo. Esse processo é conduzido por dois fatores principais:

- Um número crescente de pessoas aprende sobre Bitcoin e chega à conclusão de que é a moeda mais promissora
- A liquidez cresce. Comprar Bitcoin hoje requer muito menos dinheiro e esforço do que um ano atrás.

Na minha opinião, esses fatores podem até provocar hiperbitcoinização.

A hiperbitcoinização pode ocorrer se os governos mundiais decidirem apertar os parafusos no mercado de criptomoedas e tentar controlar o capital. O Bitcoin terá a chance de se tornar a moeda número 1. Afinal, ele não tem fronteiras e não depende do patriotismo ou da etnia de uma pessoa. Embora o uso do Bitcoin não seja baseado em propriedades físicas, como ouro e prata, mas em propriedades matemáticas, ele possui todas as características do dinheiro (durabilidade, mobilidade, divisibilidade) e pode desempenhar plenamente suas funções (meios de acumulação, pagamento, etc.). O preço real do Bitcoin é determinado pelo equilíbrio entre a demanda das pessoas que precisam e a oferta das pessoas que o possuem.

Para concluir esta seção, quero dizer o seguinte: se sua decisão de dominar o comércio de criptomoedas for firme e irreversível, não recomendo procurar a ajuda de traders profissionais. Cada um deles, é claro, pode prometer explicar estratégias de negociação simples e eficazes. No entanto, é preciso entender que um profissional não demonstrará seus métodos de análise, gráficos ou revelará segredos pessoais a alguém de fora. Portanto, o caminho de um comerciante de varejo por tentativa e erro é muito mais curto e mais lucrativo. Você já concluiu a primeira etapa quando comprou meu livro.

Lição de casa

Escolha 5 criptomoedas que você gostaria de negociar, estude-as e escreva suas características:

- Capitalização
- Trocas em que são negociadas
- Volume de negócios
- Soluções tecnológicas de uma moeda
- Contas do Twitter dos criadores de moedas
- Localização da sede

Capítulo 2. Escolhendo uma Troca e uma Plataforma para Análise Técnica

Após uma compreensão básica das entranhas do mercado de criptomoedas e da psicologia do jogo de seus participantes, o próximo passo no caminho da sua aproximação com a negociação será registrado em uma troca. A troca é o rei na negociação. Confiamos nele com o nosso dinheiro. Nós o visitamos dia e noite para verificar a profundidade do mercado e a execução de ordens, etc.

Não se intimide com a importância de escolher uma troca perfeita. Eu aviso: não existe. Cada bolsa atualmente operando no mercado de criptomoedas tem seus prós e contras. Portanto, não procure uma ideal, procure aquela que atenda às suas necessidades: simplicidade e interface amigável, um grande número de pares de negociação, suporte técnico imediato e assim por diante. Vou te dar duas dicas:

- Escolha entre as 10 melhores trocas

- Registre contas em pelo menos duas trocas para diversificar seus riscos.

É fácil se registrar em uma troca. Mas, ainda assim, deixe-me guiá-lo por todas as etapas de registro e depósito de fundos em uma das trocas. Esse processo é quase idêntico para todas as trocas, portanto, você pode repetir ações semelhantes em qualquer outra troca.

Vamos dar um exemplo da bolsa Binance (www.binance.com).

Se você deseja apenas acompanhar a situação do mercado na Binance, não precisa se registrar. No entanto, se você pretende fazer transações, precisa criar uma conta e executar várias ações simples.

Vá para o site oficial www.binance.com, selecione o idioma da interface e clique em "Registrar".

Ao se registrar, use uma senha exclusiva forte.

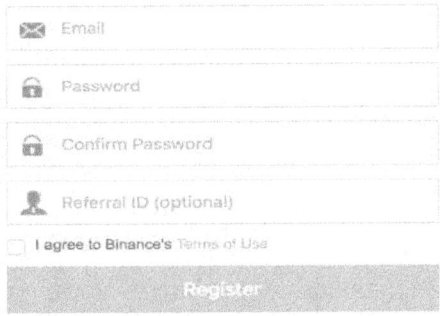

Depois de inserir os dados, marque a caixa indicando que você concorda com os termos de uso e prossiga para a próxima etapa. Você precisará arrastar o controle deslizante para encaixar uma peça do quebra-cabeça.

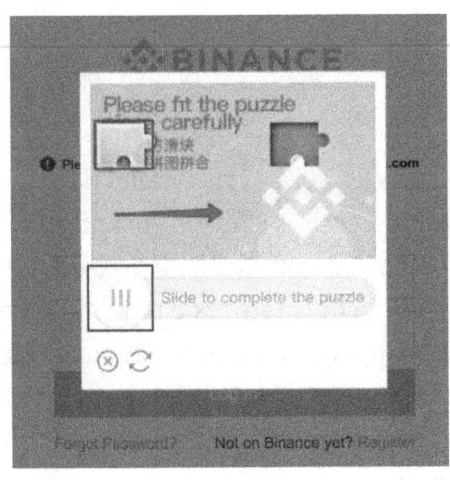

Depois, abra o email de verificação e clique no link. Agora você pode fazer login na conta da Binance usando seu email e senha.

Nosso registro está quase completo. Mas! Recomendo que você também habilite a autenticação de dois fatores.

Portanto, na primeira vez que você inicia, você deve confirmar que está familiarizado com as recomendações de segurança. Você só precisa marcar cada caixa para ativar o botão "Entendo, continue".

Safety Risk Notice

- Make sure you are visiting ✓ www.binance.com to prevent any phishing attacks. We recommend that you install the Netcraft Anti-Phishing Extension (offered by www.netcraft.com)
- Never install any browser plug-ins that claim to be associated with Binance (except Netcraft Anti-Phishing Extension).
- Never call a phone number from anyone claiming to be a member of Binance Support.
- Never tell your password or 2FA codes/keys to anyone, including Binance Support.
- Never send funds to anyone claiming to be a member of Binance Support.

Be sure to pay attention to the above safety precautions at all times to strengthen the protection of your account.

Em seguida, será recomendável ativar a autenticação de dois fatores usando a chave do Google Authenticator ou confirmações via SMS. A autenticação de dois fatores é uma maneira simples e eficaz de impedir o acesso não autorizado. Você pode adiar esse procedimento pressionando "Ignorar por enquanto", mas recomendo habilitá-lo imediatamente.

We strongly recommend you to enable 2FA on your account !
Please choose how you wish to receive 2FA code:

 Google Authentication   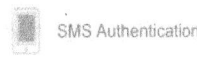 SMS Authentication

I understand the risks for not enabling 2FA   Skip for now

Você pode usar sua conta para:

- Altere a senha para entrar na central
- Ativar autenticação de dois fatores e verificação completa
- Obtenha a chave da API para automação da negociação com a ajuda de bots
- Visualize o histórico de transações e a lista dos endereços IP recentes usados para entrar na troca.

Observe que nenhuma verificação é necessária para negociar na bolsa ou depositar e retirar dinheiro. Ainda assim, você poderá aumentar o limite de retirada de 2 BTC para 100 BTC por dia somente após habilitar a autenticação de dois fatores e a verificação dos dados do usuário (você também precisará preencher o formulário: nome, endereço, etc.) anexar digitalizações de um passaporte e uma foto sua segurando seu passaporte).

A confirmação e verificação por SMS são tão simples e intuitivas quanto possível, por isso não as explicarei em detalhes.

Em seguida, você deseja depositar fundos em sua conta na bolsa. Só é possível depositar com criptomoeda — você não pode inserir ou retirar dinheiro fiduciário, como em muitas outras grandes trocas. Por esse motivo, a verificação não é um pré-requisito indispensável para a negociação na bolsa. No estágio de fazer o primeiro depósito, você receberá um endereço de depósito para a criptomoeda selecionada. (1) Copie-o para evitar erros ao digitar (2) ou digitalize com um telefone ao depositar através de um aplicativo móvel (3). O número de confirmações de rede necessárias para depositar a criptomoeda na conta é indicado abaixo. (4), por exemplo, para depositar o BTC, você precisa de duas confirmações.

Important
- Send only BTC to this deposit address. Sending any other coin or token to this address may result in the loss of your deposit.

BTC Deposit Address

1LdRSNU3btxUY4WVpQhXHeQst2AWbH6hsJ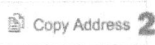

Show QR Code   Copy Address

Please note
- Coins will be deposited immediately after 2 network confirmations
- After making a deposit, you can track its progress on the history page.

Cuidado: a criptomoeda escolhida para depositar na conta de negociação deve coincidir com a que você envia para a bolsa. Depositar um tipo de criptomoeda na carteira de outra criptomoeda pode levar a perdas de seus fundos. Pela primeira vez, recomendo usar uma pequena quantidade para garantir que tudo funcione bem!

Depois de se registrar, depositar fundos em sua conta e se familiarizar com a interface do Exchange, não hesite em começar a negociar. O processo de negociação na bolsa Binance é basicamente o mesmo que em outras bolsas. Depois de entender os princípios em funcionamento com os pedidos nessa troca, você pode negociar em qualquer outra troca.

Três tipos de pedidos estão disponíveis para compra ou venda de criptomoeda: Limit, Market e Stop-Limit. Todos os tipos de pedidos oferecem a opção de uma configuração rápida da quantidade de criptomoeda comprada ou vendida: 25 a 100% de todos os ativos disponíveis para o par de criptomoedas selecionado. Por exemplo, se você selecionar "25%" para "Ordem de compra" no par AION / BTC, você comprará AION na faixa de 25% do BTC que possui. Se você selecionar 25% "para" Ordem de venda", venderá 25% das moedas AION em estoque.

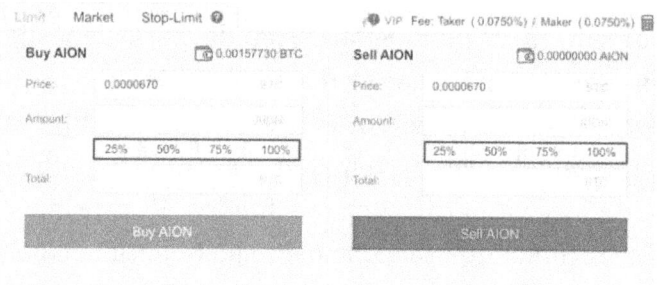

Os recém-chegados geralmente não entendem: por que precisamos de dois tipos de pedidos limitados? A resposta está nas especificidades de sua execução. Afinal, devido às especificidades da criptomoeda, você não pode definir o Take Profit (preço exato pelo qual fechar uma posição aberta para obter lucro) ou o Stop Loss (projetado para limitar a perda de um investidor em uma posição) com um pedido.

Todos esses novos termos podem ser confusos para um iniciante. Vamos ver um exemplo simples.

Ordem de Mercado

Para simplificar, vamos começar com uma ordem de mercado, que é uma solicitação para comprar ou vender um título pelo melhor preço disponível no mercado atual. Nesse caso, você precisa optar por comprar ou vender, digite a quantidade de criptomoeda necessária para a execução e clique no botão "Comprar" ou "Vender". Após a abertura de um pedido, o sistema tentará executar automaticamente um pedido pelo preço mais favorável para um trader. Vejamos como as ordens são executadas a um preço de mercado.

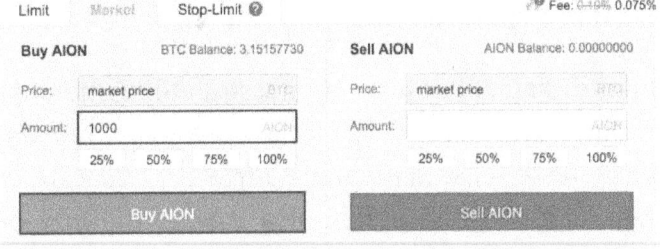

Por exemplo, abrimos um pedido para comprar 1.000 unidades de criptomoeda. No momento em que abrimos o pedido de compra, alguém já havia feito um pedido de venda de criptomoeda pelo preço que julgávamos aceitável para compra. Como é o preço mais baixo do mercado, a bolsa compra automaticamente todos os AION disponíveis por esse preço, até 1000 AION (nosso pedido total).

Mas se o volume do pedido pelo preço mais baixo for menor que o nosso pedido, o sistema executará apenas parcialmente o pedido no preço No.1, e o restante do pedido será executado no preço No.2 um pouco mais alto da próxima venda ordem no mercado. Esse segundo preço é um pouco pior para nós do que o inicial.

Se o volume desse pedido de venda pelo preço n° 2 também não for suficiente para executar totalmente nosso pedido, o restante do pedido será executado pelo preço n° 3 do pedido de venda na profundidade do mercado, que é novamente um pouco pior para nós do que o anterior. Isso será repetido até que a ordem seja totalmente executada (por exemplo, 1000 AION).

Quanto maior o volume de nosso pedido, menor o volume de negociação do par de moedas selecionado e, quanto mais forte a flutuação da taxa, maior será a diferença entre o preço de exercício final e o preço inicial.

O que isto significa? Isso significa que uma ordem de mercado deve ser usada quando a velocidade de execução da ordem for mais importante que o preço. Por exemplo, quando há uma flutuação acentuada e significativa da taxa e acredita-se que o movimento continue.

Pedido Limite

E se houver uma reversão de preço, e você quiser vender ou comprar uma moeda pelo melhor preço e, ao mesmo tempo, minimizar as perdas o máximo possível? Os pedidos limitados permitem realizar uma operação de negociação com execução ao preço inicial ou mesmo ao preço melhor do que o indicado. Deixe-me explicar usando o exemplo.

Suponha que o preço atual de uma moeda AION seja 0,000 3815 BTC. Prevemos uma correção de preço — declínio com a subsequente retomada do crescimento. Queremos comprar 1 000 AION quando o preço cair para 0,0003500. Selecionamos um pedido limite e inserimos os dados para o pedido: (1) o preço pelo qual compraremos (0,00035) e o número de moedas que queremos comprar (1 000 AION). O painel de negociação calculará automaticamente o número necessário de Bitcoin na conta — 0,35 BTC — para executar o pedido (2). Se o mercado atingir o preço indicado e não houver valor suficiente no saldo, a ordem não será executada.

O que acontece depois?

Se o mercado não atingir o preço indicado, por exemplo, o preço será revertido em 0,0003550, o pedido permanecerá inativo e, posteriormente, teremos que excluí-lo. Mas se o mercado ainda atingir o preço indicado, há três cenários possíveis:

1) O mercado atinge o preço e até o atravessa. Isso significa que há volume suficiente para fechar nosso pedido. Nesse caso, o pedido é preenchido e recebemos os 1.000 AION desejados em 0,00035, ou, talvez, até pelo melhor preço. Nesse caso, você pode fazer um pedido limite para vender o AION com lucro;

2) O mercado atinge o preço, ativa nosso pedido, mas o volume é muito pequeno e nosso pedido é executado parcialmente. Depois disso, o preço reverte e vai muito acima de 0,00035. Isso significa que o pedido ainda não foi aberto; recebemos apenas uma parte da quantidade indicada no pedido, mas por um preço não inferior ao indicado. Depois, devemos esperar pela execução completa da ordem ou fechá-la, ficando felizes com o que já compramos;

3) O mercado atinge o preço, cruza-o, nosso pedido é preenchido. No entanto, em vez do aumento de preço esperado, ele continua caindo e, em algum momento, torna-se óbvio que nos enganamos.

Como regra, percebemos que é melhor vender a criptomoeda comprada com uma pequena perda do que aguardar um grande saque quando já é tarde demais para corrigir alguma coisa. Para evitar isso, precisamos realmente colocar Parar as Perdas (Stop loss) para minimizar possíveis perdas.

O exemplo acima mostra que precisamos limitar os pedidos para maximizar os lucros. No entanto, essas ordens pendentes podem desencadear perdas se as previsões forem erradas. Uma das diferenças entre a negociação no mercado de criptomoedas e a negociação nos mercados financeiros clássicos é a impossibilidade de colocação simultânea de Ter lucro (Take profit) e Parar as Perdas (Stop loss) em uma ordem. Portanto, ordens de limite de parada são resgatadas.

Pare Limite (Stop Limit) na capacidade de ter lucro (Take Profit)

Os pedidos Stop-Limit funcionam de maneira semelhante aos pedidos de Limites convencionais, mas com uma condição adicional. Ao fazer uma ordem Stop-Limit pendente, um trader especifica um preço stop adicional, que o preço de mercado deve atingir para ativar um preço limite pendente e adicioná-lo à profundidade comum do mercado. A ordem Stop-Limit é preenchida como uma ordem Limite, dentro da faixa de preço especificada, indicada pelo preço Stop e pelo preço limite. A ordem é executada apenas entre o preço final e o preço limite, se houver pedidos adequados nas profundezas do mercado. Se o preço de mercado ultrapassar o preço limite antes da execução completa do pedido, ele não poderá ser preenchido.

Para deixar claro, vamos fazer um gráfico com fortes flutuações, por exemplo, um par XRP / dólar americano.

Permanecemos no nível atual de preços, marcado em Nº1. Há uma reversão para cima no gráfico, determinada pelo padrão de cabeça e ombros, mas decidimos aguardar a confirmação da tendência de alta em um nível que indicamos como preço de parada. Se o preço de mercado atingir o preço de parada, nossa previsão será confirmada e nosso pedido será ativado. Ao mesmo tempo, percebemos que o preço pode se recuperar do preço de parada indicado e seguir na direção oposta. Afinal, o preço de mercado pode cruzar ou se recuperar do preço que estabelecemos.

Se o preço de mercado atingir o preço de parada, a ordem será ativada e compraremos criptomoeda dentro do corredor, limitada pelo preço de parada e pelo preço limite. Ao mesmo tempo, se o preço de mercado cai temporariamente, testando o nível de resistência, permite comprar a preços mais favoráveis. Mas se o preço de mercado atingir o preço limite e continuar caindo, a compra de criptomoeda será interrompida. Assim, as ordens Stop-Limit permitem que um trader compre apenas a criptomoeda cujo valor está crescendo.

Stop Limit na capacidade de Stop Loss

Além de razões de segurança, as ordens Stop-Limit são usadas como stop loss. Vamos seguir o mesmo gráfico. Agora, pretendemos esperar a queda de preço e comprar criptomoeda pelo preço mais favorável antes de outro pico.

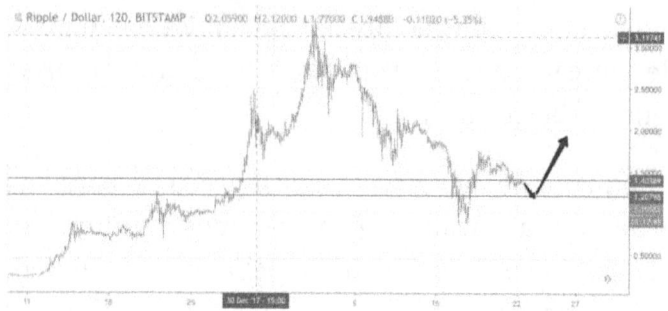

Estabelecemos uma ordem limite para comprar abaixo do preço de mercado. Mas como nos proteger contra perdas se o preço continuar subindo repentinamente após o acionamento de nosso pedido limite? Uma ordem limite padrão não pode desempenhar a função do nível Stop Loss, uma vez que definir uma ordem de venda com um preço abaixo do preço de mercado resultará na venda de ativos disponíveis a um preço de mercado, pois o sistema a considera mais rentável para venda. Lembra? Compre na baixa, venda na alta ...

Portanto, definimos uma ordem Stop-Limit no nível Stop Loss, como na figura anterior, e agora sua tarefa não será maximizar os lucros, mas minimizar as perdas. Dessa forma, definimos o preço limite no nível de Stop Loss, enquanto definimos o preço de parada, que ativa esse pedido, um pouco mais baixo. Por que devemos fazer isso?

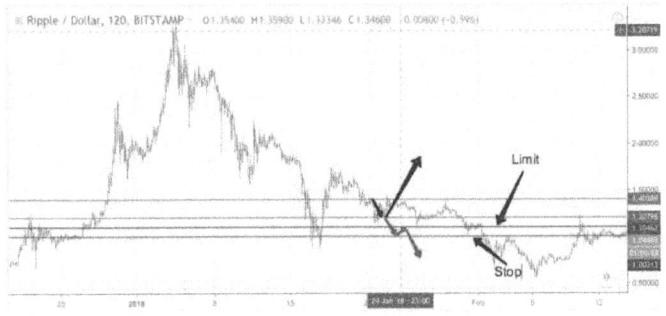

A ordem não será executada até que o preço de mercado atinja o preço de parada e, quando atingir, o preço limite da ordem de venda ("venda a esse preço ou menos") não permitirá a venda da criptomoeda, se o preço subir repentinamente na direção que precisamos. Além disso, não nos impedirá de vender o ativo quando o preço descer, agindo como Stop Loss e minimizando as perdas.

Espero que esta diretriz tenha ajudado você a entender como registrar e depositar dinheiro para negociar na bolsa Binance. Deixe-me lembrá-lo de que o mercado de criptomoedas está mudando rapidamente e alguns itens podem mudar no momento em que você lê o livro. De qualquer forma, você entende os princípios básicos e poderá aplicá-los a outras trocas.

AS TOP 10 TROCAS

Agora vou tentar simplificar um pouco sua vida, estreitando a lista de trocas que podem se tornar sua plataforma de negociação. Identificarei as 10 melhores trocas, apontando seus pontos fortes e fracos. Essas dez trocas são as melhores na época em que escrevi este livro, devido ao maior número de pares de criptomoedas apresentados. Se as estatísticas dessas trocas se alterarem com o tempo, a essência permanecerá a mesma.

1. HitBTC (Estônia)
2. Bittrex (Estados Unidos)
3. Binance (Japão)
4. Poloniex (Estados Unidos)
5. OKEx (China)
6. Huobi (China)
7. Bitfinex (Honk Kong)
8. Kraken (Estados Unidos)
9. Bitstamp (Luxemburgo)
10. Bithumb (Coreia do Sul)

Ao escolher uma troca, avalie todos os prós e contras, não tenha preguiça de dedicar tempo a isso, pois, é sobre o seu dinheiro. Vamos agora destacar os prós e contras de algumas trocas.

BITHUMB

Prós:

- Taxas relativamente baixas (0,15%)
- Alta liquidez

- Oportunidade única de comprar certificados de presente /vouchers

Contras:

- Interface
- Foi submetido a ataques cibernéticos
- Idioma coreano na maioria das vezes, apenas um pouco de informação está disponível em inglês
- Todos os pares de moedas estão vinculados apenas aos ganhos sul-coreanos. Portanto, se você possui apenas Bitcoin e deseja comprar, por exemplo, Ethereum, terá que comprar wons
- Taxas fixas, não vinculadas ao volume de negociação
- Apenas alguns pares de negociação estão disponíveis

POLONIEX

Prós:

- Criação rápida de conta
- Funcionalidade multitarefa (negociação de margem com alavancagem de 2,5x, possibilidade de fornecer e obter empréstimos)
- Alta liquidez

- Interface amigável (navegação, classificação, pesquisa rápida, função de visão noturna, etc.)
- Taxas relativamente baixas
- API, autenticação de dois fatores 2FA;
- Ferramentas de análise técnica (níveis de Fibonacci, médias móveis, bandas de Bollinger)

Contras:

- Lento atendimento ao cliente
- Nenhuma aplicação móvel
- Não há suporte à moeda fiduciária. A taxa de câmbio do dólar está atrelada ao altcoin Tether (USDT), que custa exatamente $ 1, mas em tempos de crise, sua taxa nem sempre corresponde ao dólar

BITFINEX

Prós:

- Funcionalidade multitarefa (negociação de margem com alavancagem de até 3,3x, possibilidade de fornecer e obter empréstimos)
- Alta liquidez
- Taxas diferentes: para um formador de mercado - 0,1% e inferior com um

aumento na rotatividade; para um comprador do mercado - 0,2% ou menos
- API, autenticação de dois fatores 2FA, ferramentas de verificação avançadas para monitorar a integridade da contabilidade
- Interface personalizável (seleção de tema, classificação)
- Ferramentas de análise técnica incorporadas no TradingView
- Aplicativos móveis para iOS e Android
- Um grande número de pedidos (stop loss, take profit e outros).

Contras:

- Ao depositar fundos na carteira ou sacar fundos por transferência bancária em USD, a taxa de câmbio cobra taxas de 0,1%, mas não menos que $ 20. Portanto, é melhor fazer depósitos de criptomoeda
- Verificação complicada

KRAKEN

Prós:

- Boa reputação, alta liquidez

- Para clientes corporativos. Além disso, é fornecido um programa corporativo aos clientes, que realizam transações com uma grande quantidade de caixa
- Possibilidade de depositar vários tipos de moeda fiduciária e criptomoeda na carteira
- API, autenticação de dois fatores, possibilidade de aplicar configurações avançadas de segurança
- A possibilidade de negociação de margem, vários tipos de pedidos
- Taxas de transação relativamente baixas
- Aplicativo para iOS
- Excelente suporte ao cliente

Contras:

- Ausência de interface de usuário intuitiva
- Taxas elevadas para depositar uma carteira e retirar fundos
- Mais adequado para traders avançados

BITTREX

Prós:

- Possibilidade de criar contas anônimas

- Interface amigável e minimalista
- Ferramentas de análise técnica
- API, autenticação de dois fatores
- Segurança de alto nível nunca foi invadida

Contras:

- Taxas de 0,25% para todas as transações. Nenhuma redução à medida que o volume de negócios cresce
- Às vezes, a liquidez está abaixo da média e a execução da ordem pode durar cerca de 10 minutos
- Nenhuma margem de negociação
- Ao criar uma conta anônima, existem limites mais altos de retirada (até US$ 50.000), além de apenas depósitos e retiradas de criptomoedas
- Muitos usuários estão descontentes com a equipe de suporte técnico

PLATAFORMA DE ANÁLISE TÉCNICA ONLINE DA TRADINGVIEW

Antes de dar asas a uma pessoa, você precisa ensinar como usá-las. Portanto, antes de prosseguirmos com o estudo de análise técnica, devo ensinar meu leitor como usar as ferramentas necessárias na plataforma de análise técnica on-line do Tradingview. Se essas informações parecerem básicas demais para você, não se preocupe, pule esta seção e siga em frente. Dedico esta seção aos leitores que dão seus primeiros passos na negociação e ainda não estão familiarizados com os serviços e plataformas necessários.

A Tradingview (www.tradingview.com) é uma rede social para traders, com base em uma plataforma on-line para análise técnica. Aqui você pode não apenas desenhar seus próprios gráficos, mas também seguir outros traders e monitorar suas previsões.

Para mudar para gráficos nesta plataforma, clicamos no botão Gráfico na página inicial. Agora considere o painel superior acima do gráfico. Vamos passar da esquerda para a direita.

Um par de criptomoedas está no canto esquerdo. **O prazo** está próximo à direita. O período é um intervalo de tempo dentro do qual uma vela é formada.

Mais adiante no painel, podemos escolher o **tipo de gráfico**. Pessoalmente, prefiro castiçal japonês. Os comerciantes começaram a usar a análise técnica do castiçal japonês no século XVII, quase desde o início do comércio de câmbio. Mas você pode escolher barras ou outros tipos de gráficos.

O próximo botão no painel é **"Comparar"**. Aqui, podemos comparar diferentes ativos e verificar se há uma correlação entre os ativos em um gráfico.

Então podemos escolher um indicador. Cada um deles tem seus prós e contras. Mas, graças aos indicadores, podemos entender se o mercado está sobrecomprado ou sobrevendido.

O segundo botão à direita acima do gráfico permitirá salvar ou baixar suas previsões.

Para configurar seu gráfico, clicamos em uma roda dentada no canto direito e o menu principal das configurações de programação será aberto. Aqui podemos mudar o estilo (plano de fundo, cor dos castiçais, etc.); escala (tudo relacionado à escala, tamanho e valores do gráfico); sombreamento de fundo e outras funções.

Agora, vamos olhar para o painel à esquerda do gráfico.

O primeiro botão é um tipo de cursor. Abaixo, há ferramentas de análise técnica. Vamos considerar a linha de tendência, porque você costuma usar essa ferramenta.

Para que serve esta linha? É necessário determinar a tendência e encontrar um ponto de virada na tendência existente. Para aplicar esta linha, você deve ter pelo menos dois pontos. Nós os encontramos, esticamos a linha, clonamos e colocamos paralela à primeira linha.

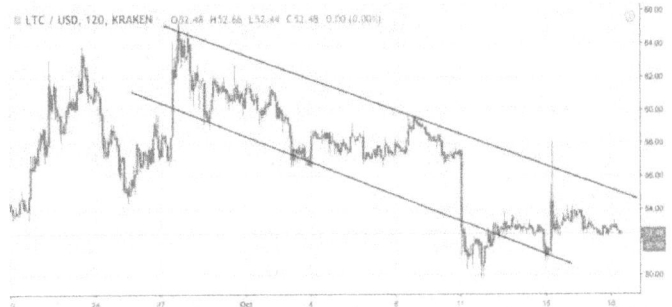

Ferramentas gráficas avançadas estão localizadas sob o terceiro botão do painel vertical esquerdo. Existem muitos aqui, mas o retrocesso de **Fibonacci** é mais frequentemente usado. Essa ferramenta ajudará você a determinar possíveis metas de retrocesso; possíveis objetivos de continuação de tendências; fortes níveis de suporte e resistência.

Ao pressionar o quarto botão no painel esquerdo, você poderá desenhar várias formas. Um pincel também está disponível aqui.

O quinto botão fornece elementos de texto e setas.

O sexto botão oferece padrões diferentes, por exemplo, o padrão Cabeça e ombros.

O sétimo botão oferece as ferramentas de previsão. Por exemplo, podemos medir a altura das figuras gráficas com a ajuda da ferramenta "Faixa de preço".

Se você deseja remover a figura desenhada do gráfico, clique no botão mais baixo no painel. Se você deseja excluir localmente apenas uma ferramenta ou linha, clique nela e você terá um menu de opções.

Além disso, você tem a oportunidade de ocultar a previsão que você desenhou no gráfico. Para fazer isso, pressione o botão com um olho.

E, finalmente, vamos considerar o painel à direita do gráfico.

Um menu de citações está no topo. É um recurso muito conveniente que permite armazenar todos os ativos com os quais você trabalha. Para selecionar o ativo desejado, insira as primeiras letras da moeda na barra de pesquisa. Você terá um menu para seleção. Aqui você escolhe não apenas a criptomoeda, mas também a bolsa na qual a negociará.

A última função, que é útil para mim pessoalmente e também para você, é o ícone do despertador. Ajuda a criar alertas para rastrear movimentos de preços. Mas lembre-se de que essa função funciona apenas quando o computador está ligado.

Pratique desenhar gráficos todos os dias, acompanhe sua previsão e melhore suas habilidades de negociação. Usar o Tradingview é uma habilidade que você aprimorará com o tempo e à medida que aprende os indicadores técnicos no restante deste livro.

LIÇÃO DE CASA

1. Escolha pelo menos duas bolsas de criptomoeda para negociação, registre-se nelas e deposite fundos em uma conta de negociação

2. Registre-se na plataforma Tradingview e obtenha informações sobre sua funcionalidade

Capítulo 3. Desenvolvendo um Algoritmo de Negociação

Para que qualquer trabalho seja estruturado, portanto, bem-sucedido, precisamos desenvolver um algoritmo claro de ações. Negociação não é exceção. Por exemplo, não podemos iniciar a negociação de criptomoedas sem se registrar na bolsa ou aprender a trabalhar com a plataforma Tradingview. Tudo deve ser feito na devida ordem.

Obviamente, todo profissional tem seu próprio caminho e um algoritmo de ações personalizado. No entanto, à medida que o tempo passa e ganhamos experiência, a sequência de suas ações na negociação pode mudar. No entanto, devemos sempre ter um certo algoritmo. Isso ajudará a economizar tempo e evitar perdas financeiras.

Portanto, se você precisar de um algoritmo básico e curto para começar a negociar, seja bem-vindo. Pegue uma caneta e anote-a.

1. Criar uma carteira de criptomoeda

2. Crie uma conta na plataforma Tradingview e conheça suas ferramentas

3. Registre uma conta na bolsa (é melhor se registrar em várias bolsas) e passar pela verificação

4. Determinar as formas de depósito e retirada de fundos da bolsa

5. Estude o processo de colocação de pedidos na bolsa

6. Crie nossa própria estratégia de negociação

7. Iniciar negociação independente

Esse algoritmo é superficial, mas você ainda pode usá-lo e ajustar-se às suas necessidades e preferências.

E agora, meus jovens comerciantes, vamos analisar esse algoritmo com um pente fino e analisar os estágios iniciais da sua negociação em detalhes.

1. Revendo a dinâmica do mercado de criptomoedas

Portanto, a primeira coisa que todo profissional que se preze deve fazer antes de começar a negociar é analisar a situação atual nos mercados financeiros mundiais. Tente identificar as atividades mais prevalentes.

Depois de encontrar as respostas para essas perguntas, determine quais moedas, com base nas informações recebidas anteriormente, podem ser lucrativas agora.

2. Escolhendo as moedas

Os fatores determinantes no processo de escolha de uma moeda devem ser sua volatilidade e liquidez.

Volatilidade é um indicador financeiro estatístico que caracteriza a volatilidade de um preço. É um indicador crucial no gerenciamento de riscos financeiros.

Liquidez descreve o grau em que um ativo ou título pode ser rapidamente comprado, ou vendido no mercado sem afetar o preço do ativo. A liquidez é medida com o número de negócios executados (volume de negócios) e o valor do spread — a diferença entre a oferta máxima e o preço mínimo de compra de um título ou ativo (você pode ver isso em profundidade de mercado, que caracterizarei um pouco mais tarde). Portanto, quanto mais transações forem executadas e menor o spread, maior será a liquidez.

3. Explorar as ferramentas escolhidas para negociação - análises técnicas e fundamentais

Análises técnicas e fundamentais são os principais métodos de avaliação do mercado como um todo e os tipos de criptomoeda em particular.

A análise fundamental nos ajuda a determinar as tendências e situações gerais do mercado, enquanto a análise técnica ajuda a escolher os melhores momentos para abrir e fechar uma posição.

Em outras palavras, a análise fundamental é um telescópio, que permite ver toda a imagem, enquanto a análise técnica é um microscópio que ajuda a entender os mínimos detalhes.

4. Após as últimas notícias

Antes de tudo, preste atenção às informações mais recentes sobre os principais indicadores macroeconômicos e às notícias sobre moedas específicas. As estatísticas macro afetam a volatilidade dos instrumentos financeiros e a atividade dos traders em todo o mundo.

Recomendo fortemente que você lembre, ou melhor, até anote um dia da semana e a hora exata em que as notícias sobre uma determinada moeda são divulgadas para se manter informado. Para simplificar o monitoramento de notícias, recomendo criar uma guia (página) separada com um calendário de estatísticas no seu computador e visualizá-lo periodicamente.

5. Elaborando um plano de negociação

Embora esta seção pareça muito simples, na verdade, é complicada, pois, é o aspecto mais importante na atividade de todos os traders.

Se você pensa que pode abrir uma posição depois de rolar o feed de notícias sobre uma determinada moeda e fazer uma análise técnica de seu gráfico, então Deus o ajude :-)

Obviamente, você pode ter sorte uma vez, mas, a longo prazo, esse método resultará em perdas permanentes.

Mas o que quero dizer com elaborar um plano de negociação? Um plano de negociação é um cenário detalhado e pré-arranjado das ações do profissional em várias situações de mercado. Ou seja, antes de abrir uma posição, você determina o cenário do movimento do preço de uma moeda e a reação da maioria dos traders. Ao mesmo tempo, não devemos esquecer o momento em que as notícias sobre uma determinada moeda são lançadas. Assim, tendo visualizado o calendário de eventos e entendido em que horário as estatísticas são liberadas, você obtém o horário de maior volatilidade. Desta vez, é mais adequado para os comerciantes com maior risco e moralmente corretos. Portanto, eu não recomendo que os comerciantes lentos estejam ativos 15 minutos antes ou depois das notícias sobre o lançamento de uma moeda.

Elaborar um plano de negociação e cumpri-lo é um dos principais fatores do seu sucesso. Uma abordagem disciplinada é crucial!

6. Elaborar um sistema de gerenciamento de riscos e um sistema de gerenciamento de dinheiro

Um sistema de gerenciamento de riscos e um sistema de gerenciamento de dinheiro são os componentes mais importantes da atividade de cada trader. Eles garantem aproximadamente 20% de sucesso no comércio de criptomoedas.

O sistema de gerenciamento de riscos ajuda a organizar a negociação em termos de riscos. Você pode determinar a escala de riscos, dependendo das diferentes situações do mercado.

O sistema de gerenciamento de dinheiro, por sua vez, mostra a um comerciante quanto dinheiro eles devem negociar em uma situação específica.

7. Compreendendo a psicologia dos participantes do comércio

Embora muitos traders falhem nessa etapa, eu a vejo como um dos pré-requisitos mais importantes para uma negociação bem-sucedida. Afinal, a psicologia, ou seja, o senso do mercado e uma moeda negociada, além de entender quais são os desejos dos comerciantes em um determinado momento, são a maior parte de seus negócios lucrativos. Na minha opinião, cerca de 70% do sucesso é responsável pela psicologia, 20% — os sistemas de gerenciamento de riscos e dinheiro e apenas 10% — a sua estratégia de negociação. Portanto, revise sua atitude em relação à importância de entender a psicologia dos participantes do mercado.

8. Procurando pontos de entrada, planejando stop loss e take profit

As quarta e quinta etapas do nosso algoritmo podem informar você sobre um ponto de entrada. Entretanto, não se deve tratar superficialmente a escolha de um aspecto tão importante. Primeiro, vamos determinar qual é o ponto de entrada.

Como você já entendeu, esse termo significa o momento de abertura de uma posição (a direção e o objetivo final não importam).

Você deve ser muito responsável ao escolher o ponto de entrada, pois, o primeiro passo na negociação afeta o resultado e seu tamanho.

Um pedido de stop loss é um nível de pedido ou preço de um instrumento no gráfico no qual você fecha sua posição com prejuízo. Em outras palavras, você define a soma que deseja arriscar em caso de reversão de preço.

Uma ordem de take-profit especifica o preço exato pelo qual fechar uma posição em aberto para um lucro.

Lembre-se de que todos esses três aspectos são extremamente importantes nas negociações!

Então, você tem 8 etapas do meu algoritmo de negociação pessoal, que você pode atualizar para si mesmo. Não tente segui-lo cegamente. Em vez disso, tente entender os princípios básicos da negociação disciplinada.

Nos próximos capítulos, observe bem cada uma dessas etapas com mais detalhes. Esta é apenas a visão panorâmica.

RESUMO E CONSIDERAÇÕES ADICIONAIS

Antes de tudo, avalie seus riscos e as perspectivas de entrada, ou seja, você deve entender as razões para abrir sua posição. Recomendo que você anote quando e a que preço abre uma posição e a que preço a fechará mesmo antes de abrir a posição. Não comece a negociar por capricho.

Desde o início, aconselho que você use um gráfico diário para fazer uma análise técnica da moeda selecionada. Posteriormente, você pode passar para períodos menores, ou seja, sempre passar de maior para menor.

Se você prefere negociar altcoins, não importa qual você escolher, siga os movimentos do Bitcoin pelo canto do olho. Quer você goste ou não, o Bitcoin continua a ser uma moeda dominante. Por exemplo, de acordo com o coinmarketcap.com, no momento em que escrevi o livro, mais de 54% de todos os fundos no mercado de criptomoedas estão concentrados no Bitcoin.

Bitcoin é um indicador de todo o mercado de criptomoedas, então eu ainda recomendo que você mantenha essa moeda em seu portfólio.

Como um bônus ao tópico de desenvolvimento de um algoritmo de negociação, também quero compartilhar uma ideia de uma tabela na qual você pode inserir os dados em todas as suas moedas.

	A	B	C	D	E	F	G
1		% from deposit					
2			Positions				
3	BTC	5%	9234 (5%)	7820 (5%)			
4	BTG	20%	145,5 (10%)	110,3 (5%)	75 (5%)	51 (5%)	
5	XRP	20%	1,01 (5%)	0,938 (5%)	0,786 (5%)	0,686 (5%)	0,552 (5%)
6	ADA	20%	0,391 (5%)	0,359 (5%)	0,306 (5%)	0,2441 (5%)	0,1374 (5%)
7	XVG	10%	0,0510 (5%)	0,0462 (5%)	0,0384 (5%)		
8	USDT	20%					
10			Numerical values				
11	BTC 8602 (5%) - bought (marked in green)						
12	BTC 7210 (5%) - quotes in market depth, pending execution (marked in black)						
13	XRP 1,01 (5%) - a coin bought at this price and listed for sale at a higher price (selling price indicated in Notes)						

Link no arquivo: *http://bit.ly/sample-portfolio*

No canto esquerdo da tabela, colocamos de forma colunar todas as moedas que temos em nosso portfólio. Além disso, denotamos sua porcentagem no portfólio. Na próxima coluna, inserimos informações sobre o preço pelo qual cada moeda foi comprada. Se as moedas foram compradas a preços diferentes, designamos cada preço nas colunas a seguir.

Também recomendo que você divida todas as figuras da tabela em três cores. Eu escolhi verde, preto e vermelho. Verde significa que uma moeda é comprada, preta - é colocada em uma profundidade de mercado, ou seja, está com execução pendente, o que significa que esses fundos estão bloqueados até agora e você poderá pintar essa figura de verde assim que a compra ocorrer. A cor vermelha significa que uma moeda é comprada a esse preço e já está listada para venda (indicamos o preço de venda nas Notas).

Capítulo 4. Análise Técnica

O sucesso do comércio de criptomoedas é impossível sem o uso de ferramentas que estimam o comportamento do mercado. Primeiro, o mercado de criptomoedas tem suas regularidades que você não deve ignorar. Segundo, as criptomoedas são muito instáveis, tornando a previsão intuitiva mais complicada. A análise técnica no comércio de criptomoedas permite prever flutuações de preços com mais êxito. Portanto, se a análise fundamental é sobre um valor de moeda, a análise técnica é sobre preço.

O que é análise técnica?

A análise técnica é uma disciplina de negociação empregada para avaliar títulos e identificar oportunidades de negociação, analisando estatísticas coletadas da atividade de negociação, como movimento e volume de preços. A análise técnica permite determinar o que acontecerá com um determinado preço da moeda em breve, com base em dados históricos do mercado.

Os comerciantes japoneses de arroz começaram a usar esse método há vários séculos. Mais tarde, no início do século XX, o jornalista americano Charles Dow publicou uma série de artigos sobre finanças, descrevendo os padrões de crescimento e declínio no mercado de valores mobiliários. Posteriormente, os postulados básicos foram extraídos de seus trabalhos, formando a Teoria de Dow, que lançou a pedra angular da análise técnica.

A Teoria de Dow criou a prática da análise técnica e possibilitou determinar três teses básicas de análise técnica. Eles são universais e aplicáveis no mercado de criptomoedas.

- *Nada acontece por acidente.* Toda mudança de preço no mercado é causada por algo. Se você determinar a causa, da próxima vez será mais fácil prever o movimento dos preços em circunstâncias semelhantes.
- *A história se repete.* O que já aconteceu no mercado pode acontecer pela segunda vez. As consequências provavelmente serão as mesmas.
- *Regularidades de trabalho.* A tendência (vetor do movimento dos preços) provavelmente seguirá a mesma direção. Somente um fator semelhante em força pode ter um impacto sobre ele. Fatores mais fracos levam a uma flutuação temporária (correção do mercado de criptomoedas), mas não a uma tendência reversa.

Os computadores tornaram a análise técnica muito mais simples, pois, o 'software' especializado de gráficos ajuda a analisar os movimentos de preços com diferentes ferramentas de análise técnica: níveis, linhas, indicadores diferentes. Atualmente, esses gráficos são incorporados em muitas trocas de criptomoedas e funcionam de modo interativo.

Vamos agora analisar todos os componentes da análise técnica no comércio de criptomoedas. Vamos dedicar uma seção separada do livro para classificá-los em detalhes. Por enquanto, apresentarei um resumo dos conceitos básicos da análise técnica para você entender melhor as informações subsequentes.

Portanto, além dos gráficos de preços, os seguintes componentes da análise técnica são mais conhecidos.

Níveis. Níveis de suporte e resistência são usados com mais frequência. Essas linhas são traçadas através dos pontos extremos de um gráfico de movimento de preços. Ou seja, através dos pontos altos e baixos. Por que precisamos deles? Primeiro, a história mostra que temos uma probabilidade aumentada de um evento nesses níveis. Segundo, ao operar esses níveis com habilidade, entendemos que existem certos padrões no gráfico que também tendem a produzir resultados específicos.

Além dos padrões, temos ferramentas mais avançadas para análise chamadas *indicadores*. Graças ao 'software' especializado, os dados são processados em um gráfico para mostrar o que tem valor prático. Mas, quanto a mim, nem todos os indicadores são de igual relevância. Por exemplo, os *castiçais japoneses* não podem fornecer tantas informações úteis quanto *as ondas Elliott*.

As primeiras coisas que os indicadores analisam são os castiçais. Os castiçais mostram os preços de abertura, fechamento, máximo e mínimo para cada período.

A segunda coisa é o volume de negociação que mostra a quantidade de um ativo que desencadeou uma mudança específica e se houve ou não uma atividade comercial dentro de um determinado castiçal.

Um ponto muito importante e conveniente é que os comerciantes podem decidir por conta própria quais ferramentas escolher para fazer a análise técnica de uma moeda.

Tendo lidado com os componentes da análise técnica, sugiro considerar suas vantagens:

- Os dados iniciais são precisos na análise técnica
- Os dados são exibidos em tempo real

- A análise técnica segue o mesmo princípio em todas as moedas
- A análise técnica fornece dados suficientes para negociar moedas pouco conhecidas.

Tendo destacado as vantagens, devemos também apontar as deficiências da análise técnica:

- Sinais atrasados. Por exemplo, é impossível determinar que haverá crescimento em uma determinada semana. Você pode ter certeza disso, digamos, no dia anterior
- Ineficiência em caso de interferência de fatores externos. Por exemplo, você fez uma previsão, tudo corre de acordo com um plano, mas algumas reportagens sobre uma moeda são liberadas e riscam sua análise. Ao contrário dos mercados clássicos, é um fenômeno frequente no mercado de criptomoedas, principalmente porque ninguém é preso por mexer com a brincadeira; portanto, infelizmente, muitos participantes do mercado estão jogando um jogo sujo.

É por isso que a análise técnica é menos eficaz no mercado de criptomoedas do que nos mercados clássicos. Além disso, qualquer análise técnica é uma questão de interpretação. O que isso significa?

Belos gráficos com linhas visíveis, como mostrado nos livros sobre negociação (não quero dizer o meu :-) não existe. Até os níveis de suporte e resistência podem ser obtidos de diferentes maneiras por diferentes traders. Os resultados dos indicadores também podem ser interpretados de diferentes maneiras. Portanto, antes de decidir sobre a abertura de uma posição, um profissional tenta encontrar o maior número possível de fatores de suporte para justificar a decisão tomada. Um desses fatores é o resultado da análise computacional do mercado.

Assim, a análise computacional do mercado é o uso e análise de indicadores técnicos. Indicadores técnicos são cálculos matemáticos usados para determinar o que pode acontecer a seguir com o preço de uma criptomoeda.

Existem vários tipos de indicadores técnicos:

- *Os indicadores de tendência* determinam a direção provável do movimento dos preços. Eles também são chamados de "indicadores atrasados". Existem os seguintes indicadores de tendência: Média Móvel, Bandas de Bollinger, SAR Parabólica, CCI e outros
- *Os osciladores* determinam o provável ponto de reversão de preço. Eles também são chamados de "indicadores

principais". Existem os seguintes tipos: RSI, MACD, Estocástico, Ichimoku, Momentum e outros
- *Indicadores de volatilidade* - indicadores que avaliam o potencial provável de um preço
- *Os indicadores que não são de preço* estimam determinantes do comércio que não são de preço, como volume, volume ponderado, juros em aberto etc. Existem os seguintes tipos: OBV, Volumes, MFI, ZigZag, Alligator
- *Indicadores não mercantis* que usam valores de preço ou volume para cálculos (indicadores de tempo, sequência etc.)

Agora vamos considerar um dos indicadores, o indicador Média Móvel, na prática. Tem vários tipos:

- MA é uma média móvel simples
- EMA - média móvel exponencial
- WMA - média móvel ponderada

Portanto, se a média móvel cruzar a tabela de preços e o preço estiver no topo, é um sinal de compra; se o preço estiver abaixo, é um sinal de venda.

Por sua vez, os osciladores definem as áreas de sobrecompra e sobrevenda. Uma área de sobrecompra / sobrevenda é o período de redistribuição ativa de bens e fundos entre touros e ursos.

E aqui você tem a informação final sobre os indicadores para entender o quadro geral da análise técnica. Também os examinaremos posteriormente em uma seção separada. Existe uma noção como sinais de divergência e convergência.

A divergência é um sinal no mercado altista, quando o pico de preços no gráfico de preços atinge uma nova alta, enquanto o pico de preços no indicador faz uma nova baixa. Este é um sinal de uma tendência de enfraquecimento.

A convergência é um sinal no mercado em baixa, quando o pico de preço no gráfico de preços atinge uma nova baixa, enquanto o pico de preço no indicador faz uma nova alta. Convergência é uma convergência de linhas.

Para abrir uma posição, recomendo que você use os dados dos indicadores técnicos em conjunto com a análise técnica completa conduzida do mercado.

Agora, é hora de mudar para a parte prática da análise técnica. Acalme-se, agora muitos gráficos piscarão diante dos seus olhos. No entanto, sem eles, é impossível fazer uma previsão qualitativa do movimento dos preços das criptomoedas.

Para começar a negociar, primeiro você precisa aprender gírias comerciais. Agora, descobriremos algumas palavras, enquanto você pode encontrar um glossário mais extenso de termos de criptomoeda no final deste livro.

As operações de negociação no mercado de criptomoedas têm apelidos: buy — go long; vender — vá curto. Se você fizer uma compra, sua operação será chamada de posição longa; se você vende algo, a operação é chamada de posição curta.

Desde a fundação de todos os mercados financeiros (moeda, ações, commodities, mercados de criptomoeda), seus participantes, que fazem compras, são chamados de "touros", enquanto aqueles que vendem ativos são chamados de "ursos".

Todos os analistas e especuladores usam vários gráficos durante a análise técnica, pois, esta é a maneira mais simples, acessível e confiável de comparar preços em diferentes períodos. Afinal, a análise técnica é uma exploração das mudanças de preço por meio do estudo de gráficos e com o objetivo de prever outras mudanças.

O mais popular é o *gráfico de linhas*.

O gráfico de linhas é o melhor para exibir a dinâmica do movimento dos preços. Um período de tempo fica na parte inferior do gráfico e a escala de preços dos ativos está à direita.

Castiçais japoneses são o próximo gráfico mais popular.

Aqui você precisa distinguir entre os preços de abertura e fechamento de uma vela, pois cada vela é formada durante um período específico.

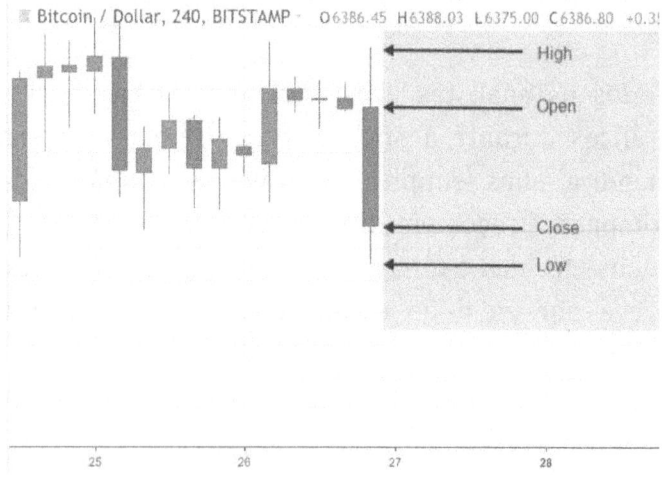

Por exemplo, um período de quatro horas é selecionado neste gráfico. Certas dinâmicas de negociação ocorrem durante esse período. A velum anterior fecha em quatro horas, um novo ciclo chega e uma nova vela se abre. Se os participantes do mercado começarem a comprar uma moeda durante esse período, seu preço aumentará; se eles obtêm seus lucros (fecham o negócio), o preço cai. Quanto mais vendedores, menor o preço; quanto mais compradores, mais alto o preço. Portanto, temos uma certa luta entre "touros" e "ursos": qual a cor de uma vela porque pode ser vermelha (cor de "ursos") ou verde (cor de "touros"). No livro em preto e branco, essas velas são em preto e branco, respectivamente.

Agora, veja mais de perto a tabela na imagem anterior. Você percebe alguma coisa? Não? E algumas formações verticais? Essa formação é chamada de sombra. Mostra o preço negociado mais alto e mais baixo durante o período de formação de velas.

Vamos dedicar uma seção separada aos castiçais japoneses, mas quero falar brevemente sobre a estrutura dos castiçais. Um castiçal tem um corpo real (cheio de cor) e uma sombra.

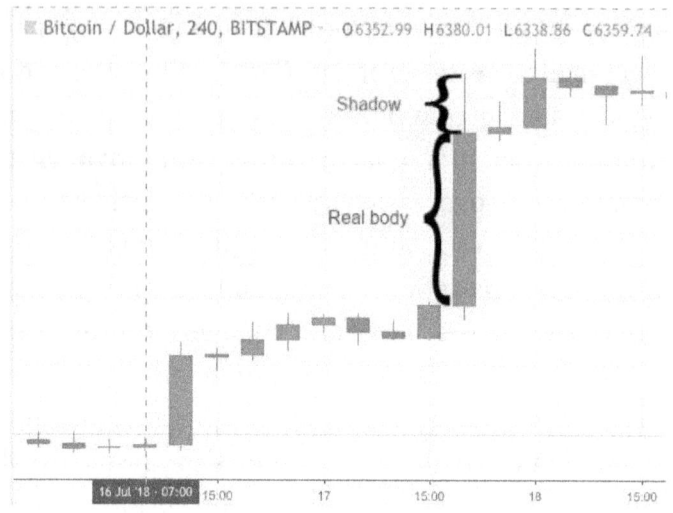

A próxima coisa que você precisa lembrar na análise técnica são os prazos dentro dos quais uma vela está sendo formada. Vou listá-los na mesa.

Chart	Timeframe
1M	1 minute
5M	5 minutes
30M	30 minutes
1H	1 hour
4H	4 hours
1D	1 day
1W	1 week
MN	1 month

Você pode usar qualquer período para análise técnica, mas lembre-se de minha recomendação: comece com um período maior e vá gradualmente para outro menor.

E, finalmente, memorize as principais leis da análise técnica. Como lembrete, esses são os três postulados da análise técnica. Se a geometria é baseada em teoremas, a análise técnica é baseada em três postulados:

- preço leva em conta tudo
- A movimentação de preços está sujeita a tendências
- A história se repete

Vamos tocar em cada postulado.

O preço considera tudo. Por exemplo, uma vez que alguns meios de comunicação informaram que o cofundador da Ethereum Vitalik Buterin morreu. O preço da ETH começou a cair. Mais tarde, Buterin negou essa notícia falsa escrevendo na rede social que estava indo bem. Logo depois disso, o preço do Ethereum se recuperou. É óbvio que qualquer notícia pode provocar declínio e crescimento de uma moeda.

O movimento dos preços está sujeito a tendências. O que é uma tendência? É um movimento direcionado. A tendência pode ser ascendente ou descendente. Consequentemente, tendemos a subir ou descer. Não há movimento incerto: para cima ou para baixo. E qualquer movimento de preços depende da direção da tendência que domina o mercado. Se a tendência for descendente, o preço será reduzido. Se a tendência estiver aumentando, o preço subirá. Se o mercado estiver estável, o preço mudará horizontalmente.

A história se repete. Não importa quanto tempo o mercado de criptomoedas existe, já que seus padrões, ciclos e outros componentes sempre se repetem.

Além das principais leis da análise técnica, existem também leis de *movimento de preços*:

- É mais provável que a tendência atual dure do que mudar de direção.
- A tendência se desenvolverá na mesma direção até dar sinais de reversão.

Lembre-se: *se você não seguir todos esses postulados, o mercado o "punirá" severamente.*

Capítulo 5. Desenhando Níveis de Suporte e Resistência

Obásico da análise técnica trata da identificação e previsão das tendências nos gráficos de criptomocda. Após determin ar a tendência, podemos proceder à análise gráfica (análise de padrões) e análise computacional (análise de dados de indicadores e osciladores).

Uma tendência é uma direção na qual o mercado se move. É uma série de ziguezagues que se assemelham a uma série de ondas: a ascensão é seguida pela queda.

Existem três tipos de tendências:

- Tendência de alta / alta
- Tendência de baixa / baixa
- Tendência plana

Para determinar a tendência atual do mercado, precisamos procurar os preços mais altos e mais baixos de uma moeda no gráfico.

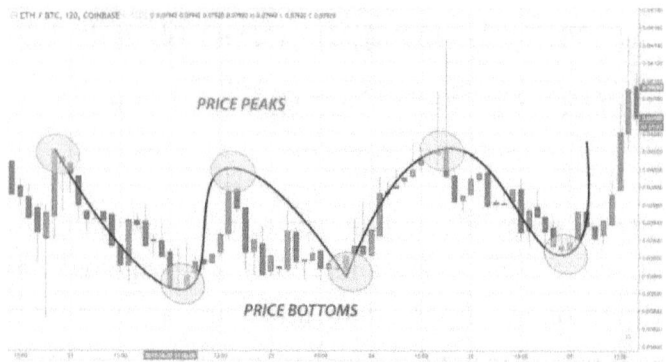

Por exemplo, se conectarmos um grande número de pontos mais altos e mais baixos a uma linha, veremos neste gráfico que o mercado está estável.

Agora vamos discutir cada tendência com mais detalhes.

Tendência de alta / alta

Precisamos de um gráfico para entender a essência desta e de outras tendências.

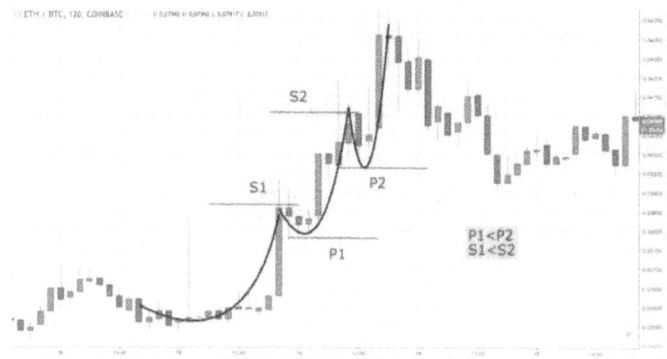

Assim, o gráfico mostra pontos diferentes, alguns deles são marcados com a letra S, enquanto outros — com a letra P. O que eles significam?

Existe uma fórmula simples para determinar uma tendência ascendente. S1 e S2 são picos de preços, enquanto P1 e P2 são fundos de preços. Portanto, a essência dessa fórmula é que P1 sempre será menor que P2 e S1 sempre será menor que S2. Isso significa que, na tendência ascendente, cada pico subsequente será maior que o anterior e cada fundo também será maior que o anterior.

Tendência de baixa / baixa

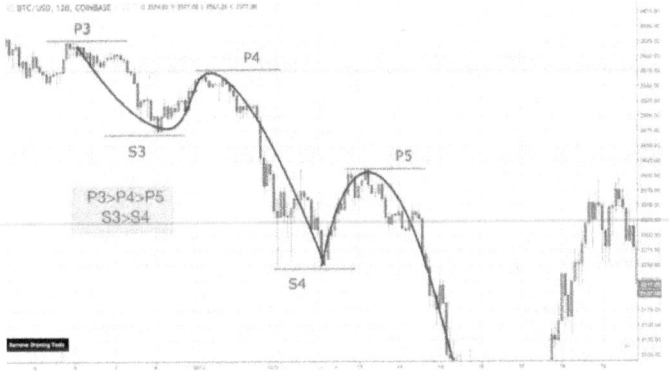

No caso de uma tendência de queda, P3 é mais que P4 e mais que P5. Cada pico subsequente será menor que o anterior, enquanto cada fundo subsequente será menor que o anterior (S3 localizado acima de S4).

Tendência plana

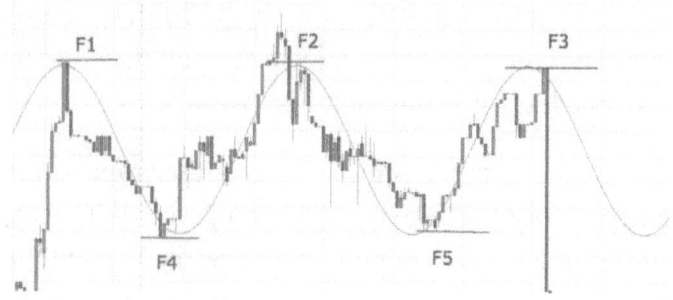

Aqui, F1, F2 e F3 são pontos de preço máximo e F4 e F5 são pontos de preço mais baixo. Os pontos de pico e de fundo permanecem no mesmo nível. O preço se move horizontalmente, como em um corredor, sem atualizar os altos e baixos. Isso indica uma tendência de mercado plana.

Portanto, é óbvio que, para começar a fazer análises técnicas, determinar a tendência do mercado, você só precisa conhecer os preços máximos e mínimos de uma moeda.

Como negociar em meio a diferentes tendências? Obviamente, é mais seguro negociar quando há uma tendência de alta (ascendente) no mercado. Você também pode negociar em meio a uma tendência plana. Uma tendência de queda representa o maior risco para sua negociação. Simplificando, se os picos e os fundos continuarem sendo atualizados no gráfico, não há motivo para se preocupar. Se os picos e o fundo não forem atualizados, é um aviso de que uma tendência pode reverter.

Níveis de suporte e resistência

Já discutimos o que são os níveis de suporte e resistência, então sugiro mudar para a prática imediatamente.

Portanto, a linha inferior no gráfico é o nível de suporte e a linha superior é o nível de resistência. Esses níveis nos ajudam a determinar que este gráfico mostra uma tendência ascendente.

Assim, é óbvio que um nível de suporte está abaixo do mercado, onde o desejo de comprar é tão forte que pode suportar a pressão dos vendedores. Como resultado, a queda é suspensa e os preços começam a subir novamente. Geralmente, um nível de suporte pode ser determinado antecipadamente, de acordo com o nível do declínio anterior. Um nível de resistência, por sua vez, é o oposto direto de um nível de suporte e representa um nível acima do mercado, onde a pressão dos vendedores excede a pressão dos compradores.

Os níveis de suporte e resistência podem ter força diferente. Precisamos aprender a escolher níveis fortes. **A primeira regra:** quanto mais o preço flutua na área de suporte ou resistência, mais importante é essa área. Por exemplo, se o preço pairava próximo do nível de suporte por duas semanas e depois subia, essa área de suporte é mais significativa do que se as mesmas flutuações de preço ocorressem por apenas dois dias.

A segunda regra: se a formação do nível de suporte é acompanhada por um grande volume de negócios, esse nível é muito significativo. Por outro lado, quanto menor o volume de negociação, menos significativo é o nível de suporte.

A terceira regra é determinada pela distância de um nível de suporte ou resistência no tempo a partir do momento presente. Como lidamos com a reação dos traders ao movimento do mercado e às posições, eles já foram abertos ou não, é claro que quanto mais próximo o evento estiver, maior será a importância que ele ganha à medida que o mercado é ativado em maior extensão.

Como desenhar um nível de suporte e um nível de resistência no Tradingview (uma plataforma para análise técnica que já discutimos)?

Desenhamos um nível vinculando os picos e os preços dos preços. Depois, para tornar o segundo nível paralelo ao primeiro, clonamos e colocamos os preços do outro lado do gráfico de preços. Para fazer isso, clique no primeiro nível desenhado e selecione a opção "Clonar" na barra de tarefas. Assim, obtemos um nível paralelo ao que desenhamos antes e agora apenas o movemos para a área de que precisamos — o maior número de pontos acima ou abaixo do gráfico de preços.

Além desses níveis, muitos traders também desenham linhas horizontais no gráfico. O princípio do desenho é quase idêntico: vinculamos o maior número de pontos em um nível horizontal a uma linha.

Linha de tendência

Uma linha de tendência é um dos elementos mais simples e claros da análise técnica.

Uma linha de tendência pode estar subindo e descendo. Traçamos essas linhas da mesma maneira que traçamos níveis de suporte e resistência. A linha ascendente é desenhada conectando pontos baixos ascendentes, enquanto a linha descendente é desenhada conectando pontos altos descendentes. Para verificar a presença de uma tendência específica no mercado, precisamos de pelo menos três pontos para traçar uma linha de tendência. Depois de encontrar o terceiro ponto no gráfico e confirmar a natureza da tendência, você pode usar a linha de tendência para resolver várias tarefas.

Por exemplo, um dos princípios fundamentais da análise técnica é: uma tendência em movimento procurará continuar seu movimento. Portanto, assim que uma tendência ganhar ritmo e uma linha de tendência se posicionar em um determinado ângulo, esse ângulo geralmente permanecerá inalterado no decorrer do desenvolvimento da tendência. Nesse caso, uma linha de tendência nos permitirá determinar os pontos extremos das fases de correção e também indicar possíveis alterações na tendência.

Suponha que agora temos uma tendência ascendente em nosso gráfico. Em qualquer caso, quedas de preços corretivas ou intermediárias são inevitáveis em qualquer gráfico. Por via de regra, eles se aproximarão de uma linha de tendência ascendente ou a tocarão. Quando há uma tendência de alta, esperamos comprar um ativo a um preço baixo. Nesse caso, uma linha de tendência serve como um nível de suporte abaixo do mercado. É a nossa zona de compra. E vice-versa: se nosso gráfico mostra uma tendência de queda, usamos uma linha de tendência como nível de resistência à venda.

E desde que não haja quebras no gráfico, uma linha de tendência nos ajuda a determinar as zonas de compra e venda. Mas se uma linha de tendência quebrar, é o primeiro sinal de uma mudança na natureza da tendência.

QUEBRA DE LINHA TÉCNICA

Você percebe algo interessante neste gráfico?

Espero que você tenha notado a fuga através de um nível de resistência. O preço não continuou avançando na direção histórica, atualizando os altos e baixos, mas "pulou" um nível e subiu. Isso acontece quando um preço de fechamento do castiçal é fixado acima do nível.

O que essa situação significa no mercado? Se observarmos uma formação de velas (especialmente seu fechamento) atrás de um nível de suporte ou resistência, isso indica que uma reversão de preço está se aproximando. Mas se um castiçal, à primeira vista, ultrapassa o nível, mas mesmo assim se fecha abaixo dele, é uma "falsa fuga".

ACELERAÇÃO DE UMA TENDÊNCIA

Este gráfico mostra uma tendência crescente, mas ocorreu uma quebra no nível de resistência. Vemos aqui não um colapso, o que significaria uma reversão de preço e mudança de tendência, mas um rompimento. Ou seja, o preço ultrapassa um nível de resistência de tendência ascendente e continua a subir. Agora nosso nível de resistência se transforma no nível de suporte. Assim, a tendência está se acelerando.

Se uma tendência estiver acelerando: quanto maior o grau de tendência ascendente, menor será o tempo em que essa tendência durará.

Desenhando um canal

Um canal é desenhado quase automaticamente no seu gráfico porque você o obtém traçando níveis de suporte e resistência. A área entre esses níveis são chamadas de canal.

Um canal contém uma linha de canal e uma linha de tendência. Uma linha de tendência é a principal. Se essa linha quebrar no gráfico, isso significa que a tendência no mercado mudou.

A principal linha de tendência ascendente pode ser usada para abrir novas posições. Uma linha de canal pode servir como um guia para obter lucros em operações de curto prazo. Alguns traders usam uma linha de canal para abrir posições curtas na direção oposta à tendência principal. No entanto, é muito perigoso e, em regra, não é rentável para negociar contra a tendência do mercado.

Como no caso da linha de tendência principal, quanto mais o canal durar, mais importante e confiável ele se tornará.

Uma quebra de linha de tendência principal sempre indica uma mudança na tendência. No entanto, uma quebra na linha ascendente do canal tem o significado oposto e significa uma aceleração da tendência existente. Muitos traders abrem posições adicionais após a fuga em meio à tendência de alta.

Vou lhe contar um segredo: na minha opinião, construir padrões e canais gráficos é um conceito muito subjetivo. Eles são construídos com a ajuda de linhas inclinadas e essas linhas podem ser desenhadas de maneiras diferentes. Por exemplo, um profissional pode traçar uma linha ao longo de um corpo ou na sombra de um castiçal, e os resultados serão diferentes.

E agora vou citar um exemplo de uma situação interessante com a criação de um canal no gráfico. Tínhamos desenhado um canal, mas a situação no mercado mudou depois de um tempo e todas as nossas linhas ficaram abaixo da tabela de preços. O que deveríamos fazer?

A área cruzada do gráfico é o futuro que não vimos ao desenhar um canal. Para corrigir a situação e "retornar o gráfico no canal", temos duas opções: alterar o ângulo das linhas para capturar o novo ponto mais alto do gráfico ou expandir o próprio canal. Obteremos o seguinte resultado.

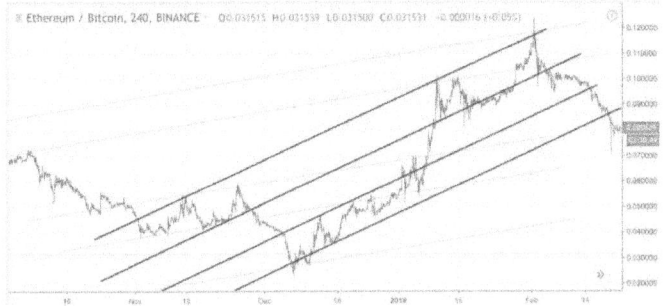

A primeira opção é representada com linhas grossas, a segunda — com as mais finas.

Agora tenho uma pergunta para você: qual dessas duas opções está mais correta? A resposta é: ambos. As linhas nas duas opções ajudam a identificar pontos de avaria ou de fuga, ou seja, as zonas onde recebemos um sinal. Portanto, não importa como você desenha as linhas, pois, se elas mostrarem os pontos de abertura da posição, suas linhas serão desenhadas corretamente.

Para resumir, quero dizer que essa análise de um gráfico mostra as zonas que precisamos monitorar, pois, abriremos ou fecharemos posições nessas zonas. No entanto, essa análise não mostra se o preço vai quebrar essa zona ou não.

Por fim, escreva e lembre-se sempre **da regra de ouro da análise técnica**:

"Sempre realize transações seguindo uma tendência dominante", *ou seja, se houver uma tendência de alta no mercado, você deverá comprar; se houver uma tendência de queda, você deve vender.*

LIÇÃO DE CASA

1. Desenhe no Tradingview dois exemplos de criação de um canal em um período de 1 hora ou mais
2. Desenhe dois exemplos de criação de um canal em um período inferior a 1h

Capítulo 6. Análise Gráfica

Estudamos os conceitos básicos da análise técnica na seção anterior e agora acredito que você está pronto para avançar para padrões mais complexos de gráficos de materiais.

Todos os padrões de análise gráfica se enquadram em duas categorias: padrões de reversão e padrões de continuação. Seus nomes falam por si: padrões de reversão indicam uma quebra na tendência existente, enquanto padrões de continuação indicam uma breve pausa após a qual um movimento de preços continuará se movendo na mesma direção.

À primeira vista, tudo parece bem simples, uma espécie de geometria no gráfico: desenhe triângulos e preveja o movimento dos preços. Mas, de fato, criar padrões de gráficos válidos é muito mais complicado. O ponto principal é a capacidade de distinguir entre os padrões e não se atrasar para identificá-lo no processo de formação. Existem muitos padrões nas negociações, mas consideraremos apenas alguns deles.

Acredito que minha principal tarefa como autor e coacher não é incomodá-lo com muitas palavras e conceitos complicados para melhorar meu perfil, mas fornecer o conhecimento necessário para a negociação. Portanto, tenho certeza de que você não precisará conhecer dezenas de padrões de gráficos que preenchem outros livros sobre negociação. Quanto mais padrões você souber, mais ficará confuso e será ainda mais difícil encontrá-los no gráfico. Você só precisa conhecer os mais importantes que aparecem com mais frequência no mercado.

Padrões de Reversão

Antes de examinarmos os padrões de reversão, vamos entender suas características gerais:

1. Um pré-requisito para o surgimento de qualquer padrão de reversão é a existência de uma tendência anterior

2. Alerta sobre uma possível reversão da tendência existente pode ser uma quebra da importante linha de tendência

3. Quanto maior o padrão (altura e largura), mais significativo será o movimento subsequente do mercado.

4. Os padrões de pico são, em regra, mais curtos no tempo e mais variáveis que os padrões de base

5. Os padrões básicos tendem a ter uma faixa de preço menor e é necessário mais tempo para construí-los

6. Um volume de negociação geralmente desempenha um papel mais importante quando uma reversão de baixa para alta começa

PADRÃO DE CABEÇA E OMBROS

O padrão de cabeça e ombros (HaS) é o principal padrão de reversão usado na criptomoeda e em outros mercados.

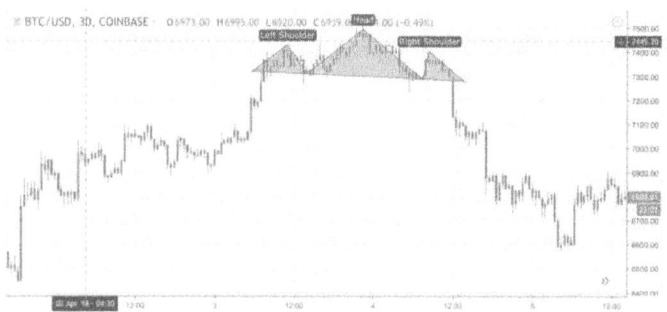

Eu descrevi no gráfico um exemplo clássico de um HaS.

Esse padrão se forma apenas durante a tendência ascendente. O padrão recebeu o nome de uma semelhança real com a cabeça e os dois ombros de um homem. O pico mais alto do padrão é a cabeça (está no meio), e os dois pontos menores são os ombros esquerdo e direito (eles estão nos dois lados e aproximadamente na mesma altura). A formação desse padrão é considerada completa quando o preço de fechamento de um castiçal é fixado abaixo do decote (o decote é representado com o nível horizontal, que passa pelos dois últimos pontos baixos e é um nível de suporte).

Isso significa que o mercado, quebrando uma linha de tendência, desce abaixo do nível de suporte e segue em direção a uma tendência de queda. Se o padrão HaS for confirmado com volumes, é hora de fecharmos posições longas (de compra). No entanto, se qualquer padrão for formado sem volume significativo, a probabilidade de não atingir a meta no gráfico (o preço não se moverá de acordo com a direção prevista) aumenta.

Agora, quero revelar um segredo: não há padrões ideais em um gráfico ao vivo. Todos os padrões tendem a ser tortos, mas os leitores geralmente não são avisados sobre isso. É por isso que, depois de estudar alguns manuais sobre negociação de bonecos, você ainda não encontra praticamente nenhum padrão que se pareça com o que você viu no livro, porque o mundo real não corresponde às teorias dos livros didáticos.

Portanto, prefiro mostrar os padrões em gráficos reais. Posteriormente, quero advertir que é improvável que você encontre um padrão HaS em sua manifestação mais ideal no gráfico. Como regra, os ombros podem não ser iguais e o decote pode estar inclinado.

Mas a questão principal permanece em aberto: se vemos um padrão HaS no gráfico, como podemos entender até que ponto o mercado vai cair depois de concluído? É simples! Medimos a distância da cabeça ao decote e diminuímos essa altura da quebra do decote.

Para esse fim, o Tradingview possui uma ferramenta especial chamada "Faixa de preço". Por exemplo, a altura do padrão Cabeça e Ombros são 10%. O que esse número significa? Ele mostra até que ponto o mercado "inclinará" em um futuro próximo. Nesse caso, estamos falando de uma reversão de uma tendência ascendente, de modo que o mercado cairá 10%.

E aqui está uma das minhas dicas ultra-secretas:

Nunca use a altura exata do padrão para a previsão; é melhor usar 70% desse padrão. Portanto, se a altura do padrão forem 10%, objetivamos 7% de uma inversão da altura original. 7% é a nossa meta para obter lucro.

Mais uma 'nuance' diz respeito à medição da altura de um padrão: se devemos medi-lo do ponto mais alto de um corpo real ou do ponto mais alto de uma sombra superior. Se as sombras não estiverem muito altas, quero dizer que não excedem a altura do castiçal, várias vezes, devemos medir a partir do ponto mais alto das sombras superiores. Se eles estiverem muito altos, não os consideraremos.

Cabeça e Ombros Inversos

Esse padrão de reversão se forma no gráfico apenas durante uma tendência de queda. É um reflexo do espelho dos padrões de Cabeça e Ombros. Ele também tem uma cabeça, um ombro esquerdo e um direito, mas eles estão dispostos de cabeça para baixo.

A altura desse padrão também é medida desde o nível do decote até o ponto mais alto na parte superior da cabeça.

TOPO DUPLO

Esse padrão de reversão de tendência ocorre frequentemente no gráfico. Um topo duplo é, talvez, o padrão mais difundido depois da cabeça e dos ombros. Ele se forma apenas durante a tendência de alta. O padrão é caracterizado por dois picos consecutivos de preço localizados em um nível horizontal.

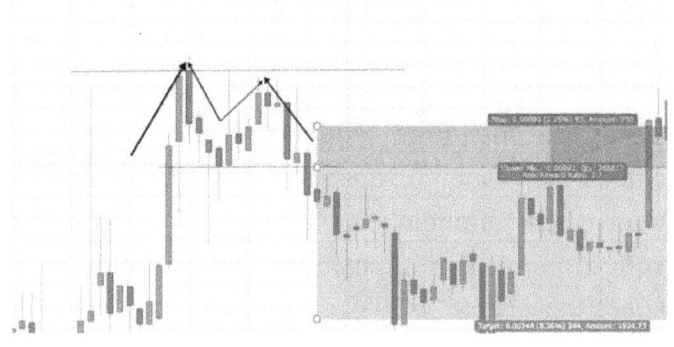

Como podemos ver no lado esquerdo do gráfico, esse padrão tem dois picos e eles estão no mesmo nível. Considera-se que o padrão concluiu sua formação quando os preços de fechamento superam o nível de declínio (o nível de decote no padrão HaS). Por via de regra, a formação do segundo pico é acompanhada por um volume comercial menor, mas o volume aumenta na quebra. Isso atesta uma mudança de tendência quando a fase de crescimento é seguida pela fase de declínio. O nível mínimo para o qual o preço cairá após o detalhamento também é determinado com base em sua altura. Para fazer isso, medimos a distância do pico do padrão ao seu nível de suporte e, em seguida, separamos essa altura do ponto de interrupção para baixo. O alvo do padrão Duplo Superior é mostrado no lado direito do gráfico.

Fundo Duplo

Esse padrão é um reflexo do padrão Duplo Topo. Enquanto o Duplo Topo se forma durante a tendência de alta, o Fundo Duplo se forma durante a tendência de baixa. A primeira figura se parece com a letra "M", enquanto a segunda se assemelha à letra "W."

Esse padrão pode dar muitos sinais falsos. Portanto, determine a força desse padrão antes de fazer os pedidos. Aqui, o volume de negócios também é importante quando o preço sai. Se o volume de negociação aumentar juntamente com a formação do segundo pico, isso indica uma verdadeira reversão da tendência de queda.

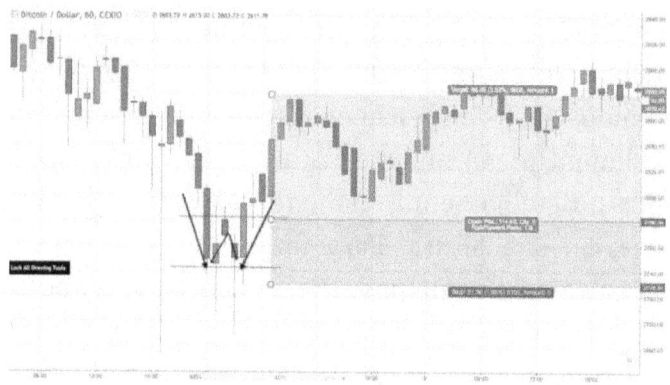

O gráfico mostra que houve uma tendência de baixa no mercado, mas foi revertida após a formação do padrão Fundo Duplo. Para previsões subsequentes do preço, também medimos a altura do padrão e obtemos a porcentagem de sua meta. Ele nos dirá a faixa de preço para obtenção de lucro.

TOPO TRIPLO

A diferença nesse padrão do Duplo Topo é que ele tem três picos, não dois. Também se parece muito com o padrão Cabeça e Ombros, mas, ao contrário do HaS, todos os três picos de preços estão no mesmo nível. Cada um dos três picos deve ser acompanhado por uma diminuição no volume de negócios. O padrão é considerado concluído quando os preços superam o nível de declínio com um aumento no volume de co-corrente. Para obter previsões de preços, também medimos a altura desse padrão (do pico ao nível de suporte) e depois descartamos o valor obtido do ponto de interrupção para baixo.

FUNDO TRIPLO

Esse padrão é um reflexo do padrão Triplo Topo com a única diferença de que o volume, como fator de confirmação, é mais importante quando o preço é estourado.

O padrão Fundo Triplo é considerado confiável nas negociações. No entanto, leva muito tempo para se formar, muitas vezes um profissional perde a paciência antes de ser formado. Todos os três baixos preços desse padrão são iguais e sua formação às vezes leva vários meses. Portanto, se você quiser ver esse padrão, procure moedas com uma longa tendência de queda.

Concluímos a revisão de padrões. Quero observar que você não precisa se lembrar dos nomes de todos esses padrões. O principal é tentar entender onde a tendência pode reverter. Para fazer isso, monitore a atualização dos altos e baixos dos preços. Afinal, assim que os mínimos e máximos não mudam, um padrão começa a aparecer no gráfico.

PADRÕES DE CONTINUAÇÃO DE TENDÊNCIA

Agora, prosseguimos para os *padrões de continuação de tendência.*

Esses padrões são mais curtos e não nos informam sobre uma quebra de tendência, mas mostram um pequeno período de consolidação ou uma pausa, após o qual o preço continuará se movendo na mesma direção, ou seja, a tendência não será alterada.

TRIÂNGULO

O primeiro padrão ao qual prestaremos atenção especial nessa categoria é, é claro, um triângulo. Todo profissional de qualquer mercado conhece esse padrão. É básico para análise técnica e, talvez, seja o mais frequentemente observado nos gráficos. Quero mencionar que todos os triângulos são classificados como padrões de continuação de tendências, mas, pessoalmente, considero-os "padrões que não são de tendência" ou "padrões de incerteza".

Imagino que você está levantando as sobrancelhas em surpresa. Eu vou explicar.

No processo de formação no mercado, os triângulos acumulam volume e volatilidade, formando uma espécie de primavera. No início desse padrão, vemos o principal impulso no gráfico, após o qual a volatilidade começa a diminuir. Cedo ou tarde, um dos níveis no gráfico — resistência ou suporte — será violado por um padrão. Portanto, pessoalmente, vejo um triângulo como um padrão incerto, porque após a formação de um padrão, o preço pode continuar a tendência existente ou reverter o mercado. Existem três tipos de triângulos:

- Simétrico
- Ascendente
- Descendente

Todos esses triângulos têm formas diferentes e, consequentemente, apontam para diferentes movimentos do mercado. Vamos dar uma olhada em cada um deles.

TRIÂNGULO SIMÉTRICO

É o tipo de triângulo mais frequentemente observado no mercado. Consiste em duas linhas de tendência convergentes com um preço imprensado entre elas. A linha superior do padrão cai e a linha inferior aumenta. O padrão é considerado completo quando o preço de fechamento é fixado fora de qualquer uma das duas linhas.

Para medir um triângulo simétrico, pegue a altura de sua base e coloque-a verticalmente a partir do ponto de interrupção do padrão.

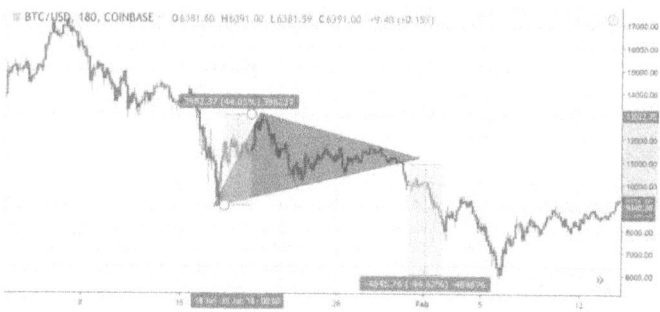

É o triângulo simétrico que considero o mais insidioso, pois é difícil determinar se o preço vai subir ou descer depois de quebrar esse padrão. Para tornar minhas previsões mais precisas, eu, como em todos os outros casos, uso volume. Se o movimento ascendente do preço for acompanhado por um aumento no volume, prevejo uma fuga. E vice-versa, se o movimento de queda dos preços for acompanhado por um aumento no volume, é mais provável que ocorra uma quebra. No entanto, situações fora do padrão também acontecem.

Por exemplo, seu triângulo simétrico rompe a linha de tendência superior, fazendo com que você compre moedas, mas a primavera voltou a ser um triângulo, formou um pico e começou a cair rapidamente. O que aconteceu? Como a zona superior do triângulo foi ajustada, o que você chamou de violação foi uma fuga falsa. O problema é que não temos um nível claro que um preço possa ultrapassar; temos uma mola, cujos pontos mais altos e mais baixos podem ser ajustados. Portanto, em nosso exemplo, o preço reverteu e desceu até a altura do triângulo. Se você não fechar a posição no prazo, você perde dinheiro.

Triângulo Ascendente

Triângulo ascendente (assim como um triângulo descendente) é considerado um tipo de triângulo simétrico. Mas todos eles diferem significativamente. O triângulo ascendente é considerado um padrão de alta, triângulo descendente - de baixa, enquanto se acredita que o triângulo simétrico seja neutro.

O triângulo ascendente é formado em uma tendência de alta. Como regra, esse padrão é formado próximo a um forte nível de resistência, prevendo sua quebra. Nesse triângulo, o preço é espremido entre a linha de tendência superior horizontal (nível de resistência) e a linha de tendência inferior que cresce na diagonal.

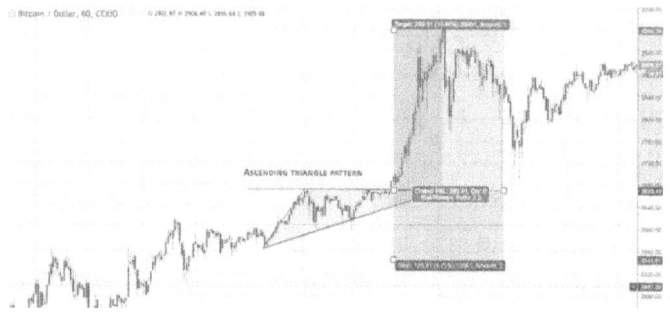

O triângulo ascendente é considerado formado quando o preço fecha além do nível de resistência. Medimos a altura da base do triângulo e a separamos do ponto de ruptura. Mas não esqueça que uma fuga deve ser acompanhada por um aumento acentuado no volume. Com quedas de preços subsequentes, o nível superior de resistência deve se transformar em um nível de suporte.

Triângulo Descendente

Diferentemente do padrão anterior, o triângulo descendente é formado em uma tendência de baixa perto de um forte nível de suporte. Esse padrão tem uma linha de tendência inferior horizontal, enquanto a linha de tendência superior diminui na diagonal.

A formação desse padrão é concluída com uma quebra na linha horizontal inferior. Para medir uma figura, é necessário pegar a altura da base do triângulo e depois afastá-la do ponto de quebra para baixo.

Neste gráfico, o triângulo descendente atingiu um alvo como um padrão de continuação de tendência. No entanto, embora o triângulo descendente geralmente se forme durante uma tendência de baixa, às vezes também ocorre no topo do mercado.

Consideramos todos os tipos de triângulos, cada um com suas próprias características, mas há vários pontos típicos de todos os triângulos, sem exceção:

1. Deve haver pelo menos cinco ondas em um triângulo clássico. Se um triângulo rompe o nível antes que todas as ondas sejam formadas, é improvável que o preço tenha força suficiente para se mover em uma determinada direção

2. O volume de negociação e o preço dentro do padrão podem ajudar a prever uma quebra em um triângulo. Por exemplo, se o preço dentro do triângulo tiver revertido antes de atingir uma das linhas de tendência, é provável que o preço quebre a linha de tendência oposta assim que o atingir.

3. Se você negociar manualmente, faça uma ordem de mercado quando um castiçal, que quebrou a linha de tendência do triângulo, fechar além de seus limites.

Bandeira

Esse padrão marca uma breve pausa na tendência existente. O padrão da bandeira pode se formar durante as tendências ascendente e descendente. Como regra, a formação desse padrão é precedida por uma linha íngreme e quase reta de movimento dos preços. O mercado parece correr muito à frente de si mesmo, portanto, deve descansar um pouco. Depois disso, o preço continuará seu movimento na mesma direção.

O padrão da bandeira se forma entre duas linhas de tendência paralelas que tendem a se inclinar em relação à tendência predominante. Durante a tendência de alta, a bandeira se move para baixo; durante a tendência de baixa, ele se move para cima. Depois que esse padrão é formado, o preço deve cobrir na mesma direção a distância igual à altura do mastro da bandeira.

Para confirmar a formação do padrão da bandeira, eu uso o mesmo volume consagrado pelo tempo. Deve crescer durante o intervalo esperado.

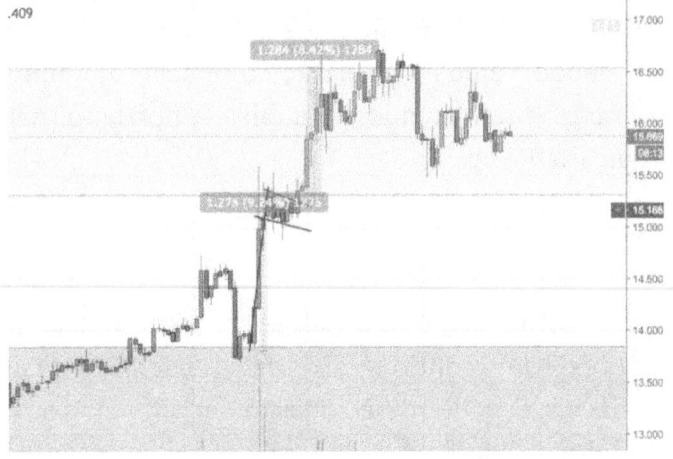

O que vemos neste gráfico? Observamos o movimento direcional do mercado — um mastro de bandeira — como um forte impulso, seguido por um pequeno movimento horizontal de preços. Como podemos prever o movimento do mercado durante esse padrão? Medimos a altura de um mastro e deitamos 70% dessa altura para cima. Por que para cima? Como a bandeira é um padrão de continuação de tendência, e nosso gráfico mostra a tendência de alta.

Também revelarei minha observação pessoal sobre esse padrão.

Se, após duas sinalizações consecutivas, você notar a formação imediata da terceira no gráfico (e você pode ver isso com bastante frequência), esteja ciente de que a terceira sinalização é sempre falsa.

Isto é, se uma bandeira se formar no seu gráfico, atingir o alvo (então obtemos a segunda bandeira), mas depois vemos a formação da terceira bandeira, devemos entender que ela é falsa e, portanto, não alcançará o alvo.

GALHARDETE

Esse padrão (como a Bandeira) está entre os padrões de continuação de tendência mais confiáveis. O galhardete consiste em um mastro de bandeira e duas linhas de tendência convergentes. O padrão se assemelha a um pequeno triângulo simétrico, que fica em um mastro e se forma em meio a uma redução significativa e gradual no volume de negócios.

Uma flâmula, como uma bandeira, é um padrão de curto prazo, pois, sua formação leva de uma a três semanas. Como na bandeira, há um forte impulso no galhardete a princípio (aumento de preço). É a maneira como um mastro de bandeira do padrão é formado. Depois, há uma pausa, seguida pela continuação de um movimento de preços. O padrão é considerado formado quando o preço quebra a linha de tendência superior durante uma tendência de alta e a linha de tendência mais baixa durante uma tendência de queda.

Devemos confirmar a autenticidade desse padrão (como no caso de todos os outros padrões) com o volume de negociação, que deve aumentar durante um intervalo. Mas lembre-se de que o aumento no volume é mais importante para confirmar a quebra do que a quebra.

CUNHA

Esse padrão geralmente é confundido com triângulo e flâmula, então deixe-me explicar as diferenças entre eles.

Diferentemente do Triângulo, as duas linhas de tendência do padrão Cunha são direcionadas horizontalmente para cima ou para baixo. A cunha é mais alongada na direção do movimento, para cima ou para baixo, e o triângulo é esticado. Quanto ao galhardete, ele tem um mastro no qual a consolidação ocorre. Se você adicionar um mastro ao padrão Cunha, ele se transformará no padrão galhardete.

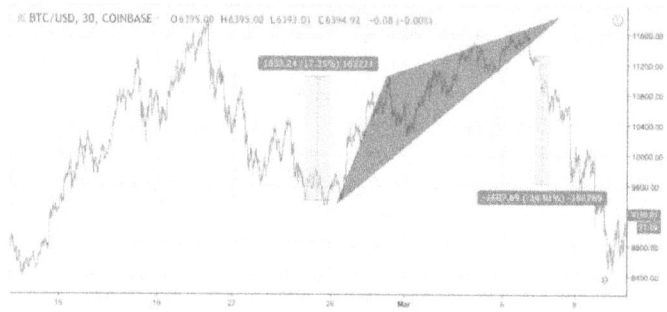

As cunhas podem sinalizar reversões de preço de alta ou de baixa, ou seja, elas podem se formar durante as tendências de alta e de baixa.

De fato, existem muitos outros padrões gráficos na análise técnica, por exemplo, Pires, Chávena com Alça, Diamante, etc. Mas eles aparecem nos gráficos tão raramente que eu decidi não focar neles neste livro.

Todos os padrões podem ser analisados em diferentes intervalos de tempo, mas sempre verifique a si mesmo em intervalos menores.

Portanto, se você vir um triângulo bem formado em 4 horas, embora esteja ausente em uma escala de 1 hora, não se apresse em fazer previsões.

Em geral, um gráfico de todas as criptomoedas (especialmente Bitcoin) está repleto de vários padrões. Você só precisa aprender a diferenciá-los e desenhar corretamente. Isso virá com a prática. Desenhe os padrões no Tradingview, exclua-os e comece tudo de novo. Você vai pegar o jeito com repetição.

Lição de Casa

1. Desenhe no Tradingview dois exemplos de triângulos indicando o nível do intervalo, ponto de entrada e alvo

2. Desenhe dois exemplos de padrões de reversão, indicando o nível do intervalo, ponto de entrada e destino

3. Desenhe dois exemplos de padrões de continuação de tendência, indicando o nível do intervalo, ponto de entrada e destino

Capítulo 7. Análise por Computador

Análise técnica nas negociações não se refere apenas aos níveis de suporte e resistência, linhas de tendência, canais e padrões. Também abrange métodos matemáticos que usamos para criar indicadores, que, por sua vez, atuam como filtros para determinar as propriedades do mercado. É uma espécie de cálculo matemático: "É assim que o preço se comporta".

Os indicadores técnicos ajudam os comerciantes a não se atarem ao fluxo informacional do gráfico de preços. Eles sistematizam todos os dados e sugerem se o mercado está sobrecomprado ou sobrevendido, se devemos abrir ou fechar uma posição.

Em outras palavras, se você não usar nenhum indicador durante a análise técnica, é um profissional estranho. Afinal, os indicadores não são apenas ferramentas adicionais na pilha da sua terminologia de negociação, eles simplificam significativamente sua vida. Cada indicador foi desenvolvido por alguém que transformou matematicamente o fluxo de preços de forma que seria mais fácil para você analisar um gráfico e tomar as decisões corretas de negociação.

No entanto, nem tudo é tão fácil quanto parece. Os sinais dos indicadores costumam ser falsos. Então, como podemos confiar neles? Não foque em um indicador e sempre confirme o sinal de um indicador com os outros. Por exemplo, se a média móvel informar agora que é o melhor momento para vender, não se apresse, aguarde a confirmação correspondente dos osciladores (uma espécie de indicadores, que discutiremos mais adiante).

Escolher o indicador certo também é importante. Diferentes indicadores podem ser adequados para cada mercado e até para cada instrumento negociado (no nosso caso, criptomoeda). Os indicadores funcionam de maneira diferente em prazos diferentes. Por exemplo, se um determinado indicador gerar sinais bem no gráfico D1, ele entrará nos dentes em 1H. Existem indicadores de liderança e confirmação. Os principais indicadores estão à frente do gráfico de preços e sinalizam com antecedência a compra ou venda, enquanto os indicadores confirmados apenas confirmam a tendência atual do mercado.

Portanto, meus amigos, não me perguntem qual indicador funciona melhor. Teste diferentes indicadores com moedas diferentes e em prazos diferentes, por método de tentativa e erro.

Todos os indicadores técnicos são divididos em três tipos:

- Indicadores de tendência (SMA, EMA, WMA, Ichimoku Cloud etc.) que identificam a direção provável do preço, ou seja, a presença de uma tendência específica
- Osciladores (RSI, MACD, Estocástico, etc.) que identificam o provável ponto de reversão do gráfico de preços (podem ser de tendência e simples) definem zonas de sobrecompra e sobrevenda, ajudando a decidir quando abrir a posição
- Indicadores de volume que identificam o volume do mercado em um determinado momento

INDICADORES DE TENDÊNCIA

Todos os indicadores de tendência são projetados para identificar a condição do mercado. Eles:

- Determinar a presença e direção da tendência
- Gere sinais de negociação
- São utilizados como suporte dinâmico e níveis de resistência

Apesar dos benefícios desses indicadores, não esqueça que eles estão um pouco atrasados; portanto, quando você receber um sinal do indicador de tendência, aguarde a confirmação do oscilador.

E agora vamos nos aprofundar nos indicadores de tendência mais populares.

Média Móvel

A Média Móvel Simples (SMA) é o indicador de tendência mais comum. Ele fornece um preço médio de um instrumento negociado durante um período específico e identifica a tendência principal. Parece uma linha suave no gráfico.

Uma média móvel simples ou aritmética é calculada adicionando preços de fechamento recentes de um instrumento negociado durante um determinado número de períodos (por exemplo, 12 horas) e depois dividindo essa soma pelo número de períodos. A fórmula é a seguinte:

SMA = SUM (fechar (i), N / N, onde *SUM* é a soma, *fechar (i)* é o preço de fechamento do período atual, *N* é o número de períodos de cálculo.

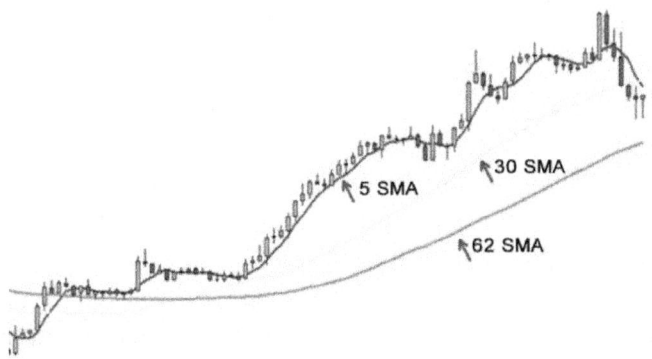

Por Exemplo, temos 12 castiçais. Adicionamos todos os preços de fechamento desses 12 castiçais e dividimos por 12. Assim, calculamos a média do preço no gráfico, em cada ponto em que o preço será apresentado por um determinado período de tempo. Esse intervalo de tempo é chamado de período médio móvel.

Todas as médias móveis estão atrasadas porque calculamos a média do preço. Se o preço no seu gráfico subir ou descer acentuadamente, esse indicador reagirá, mas você receberá esse sinal com um atraso.

Existem três tipos principais de médias móveis:

- SMA (média móvel simples)
- EMA (média móvel exponencial)
- WMA (média móvel ponderada)

O que eles diferem um do outro?

A média móvel simples aplica peso igual a todos os pontos de dados.

A média móvel exponencial coloca um peso e significância maiores nos pontos de dados mais recentes. Isso significa que ele coloca significado a partir da última barra.

Média móvel ponderada. Enquanto a significância das barras diminui mais suavemente na média móvel exponencial, a importância das barras diminui de maneira mais pronunciada na média móvel ponderada, pois atribui importância a diferentes barras.

Qual é a estratégia de negociação mais popular usando a média móvel?

Quando o preço ultrapassa a média móvel, é um sinal de compra. Quando cruza abaixo, é um sinal de venda. Então compramos, quando o preço de fechamento está acima de MA; e vendemos quando o preço de fechamento é inferior a MA.

Na plataforma Tradingview, você pode encontrar a média móvel (assim como todos os outros indicadores) na seção "Indicadores" na barra de tarefas superior.

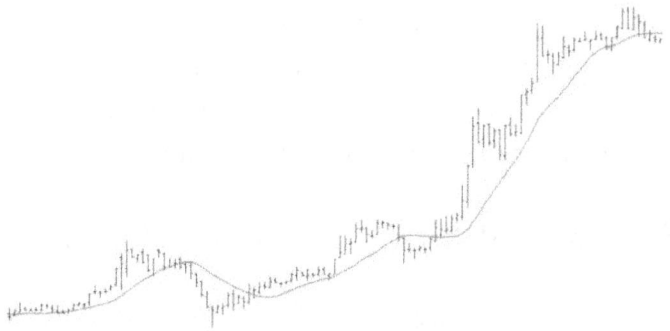

Se você quiser recorrer a uma média móvel durante a negociação, precisará aprender como escolher o período certo, o que gerará um mínimo de sinais falsos. É uma questão de prática.

E agora vamos considerar um exemplo de médias móveis no gráfico.

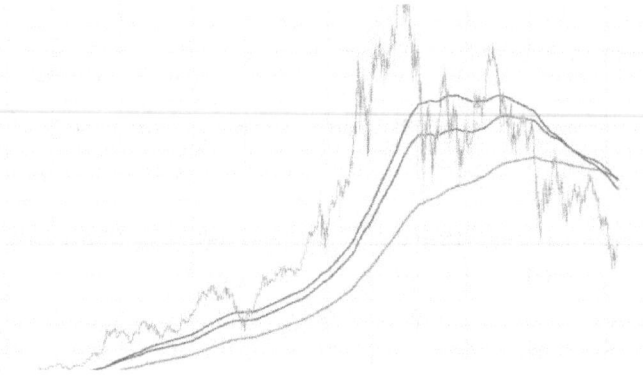

A linha mais baixa deste gráfico é uma média móvel simples, a linha do meio é uma média móvel exponencial e a linha superior é uma média móvel ponderada.

Todos os tipos de médias móveis podem ser usados em diferentes períodos de tempo. Depende da sua estratégia de negociação e se você é um investidor de longo prazo ou um operador de couro cabeludo.

NUVEM ICHIMOKU (ICHIMOKU CLOUD.)

O indicador técnico Ichimoku Kinko Hyo (Nuvem Ichimoku) desenvolvido na década de 1930 pelo analista japonês Goichi Hosoda, que usou o pseudônimo de Ichimoku Sanjin. Ele inventou esse indicador para prever o movimento do índice de ações do Japão Nikkei. O analista melhorou seu indicador por mais de trinta anos e divulgou os resultados na década de 1960.

A nuvem Ichimoku inclui 5 linhas, semelhantes às médias móveis, com nomes exóticos:

1. Tenkan-sen (chamada "Linha de Conversão"; é o ponto médio do intervalo alto-baixo de 9 dias)

2. Kijun-sen (difere de Tenkan-sen pelo valor do intervalo de tempo)

3. Senkou Span A (é o ponto médio das linhas Tenkan-sen e Kijun-sen)

4. Senkou Span B (outra média móvel com um período ainda mais longo)

5. Chikou Span (construído a partir dos preços de fechamento).

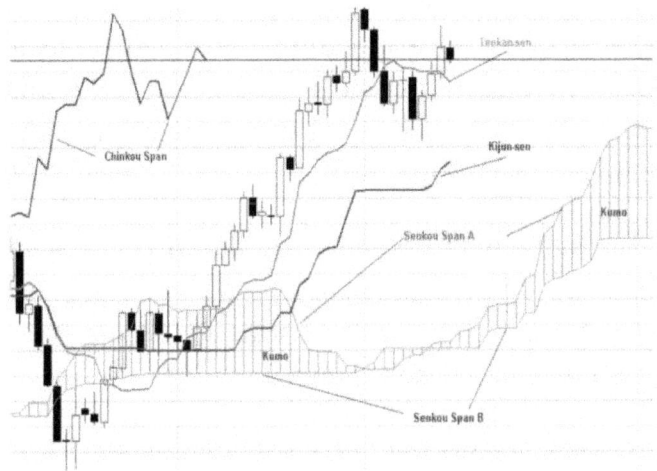

Ao cruzar, essas 5 linhas formam um tipo de zona que chamamos de "nuvem". As nuvens são de dois tipos: vermelho e azul. Nuvens vermelhas são formadas quando a linha Senkou Span A está acima da linha Senkou Span B. Nuvens azuis são formadas quando a linha Senkou Span B está acima da linha Senkou Span A.

O indicador Ichimoku é uma ferramenta complexa e combina várias estratégias de análise de mercado. Ele foi projetado para identificar tendências, níveis de suporte e resistência e gerar sinais de compra ou venda.

Então, como o indicador Ichimoku gera sinais para os traders?

1. Um sinal de três linhas (três linhas são construídas de acordo com a volatilidade, da mais volátil para a menos volátil, ou seja, da tendência de curto prazo para a tendência de longo prazo. Se elas se alinham de cima para baixo, ter uma tendência de alta; se de baixo para cima - uma tendência de baixa)

2. Um sinal de cruzamento das linhas (se Tenkan-sen cruza Kijun-sen de baixo para cima, é um sinal de compra; se Tenkan-sen cruza Kijun-sen de cima para baixo, é um sinal de venda)

3. Sinal formado por uma combinação de linhas indicadoras e gráfico de preços (lembre-se de que, como as linhas indicadoras calculam a média do preço, elas são menos voláteis que o gráfico de preços e, portanto, o gráfico de preços gera sinais)

4. Sinal Chikou Span (se esta linha cruzar o gráfico de baixo para cima, é um sinal de compra; se cruzar de cima para baixo, é um sinal de venda)

5. Um sinal de nuvens indicadoras (se o preço estiver acima das nuvens, temos uma tendência ascendente; se o preço estiver abaixo das nuvens, temos uma tendência descendente; enquanto o preço na própria nuvem indica o mercado estável).

Vamos agora considerar um exemplo de sinal gerado pelo indicador Ichimoku.

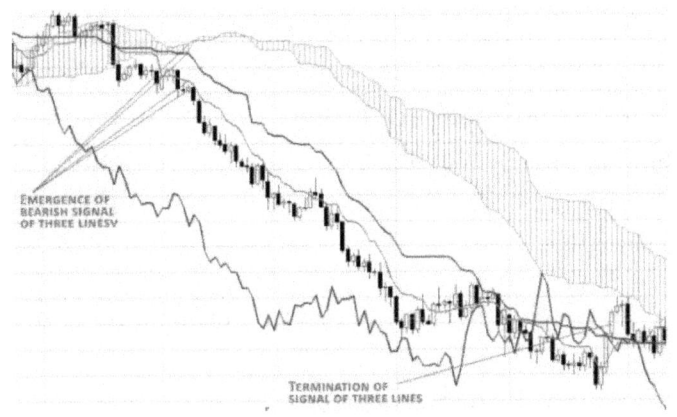

Este gráfico mostra um sinal de baixa. O preço cruza as linhas indicadoras de cima para baixo, para que recebamos um sinal de venda. Caso você especule a queda, você pode manter uma posição curta até que o preço não ultrapasse, por exemplo, a linha Kijun-sen. Feche a posição quando o preço cruzar a mesma linha na direção oposta.

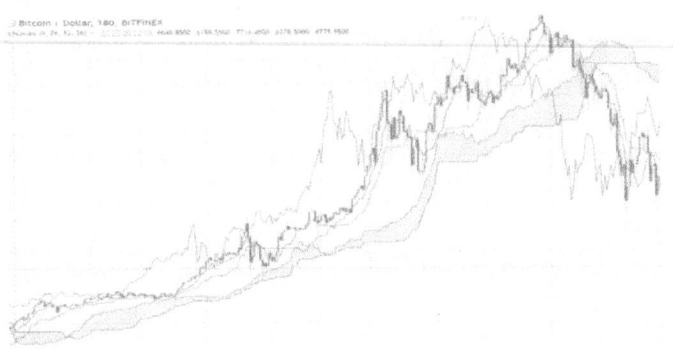

Este gráfico mostra três linhas do indicador, que servem como níveis adicionais de suporte e resistência. Com a ajuda da nuvem, também

podemos determinar que temos uma tendência ascendente; assim, quando percebemos que as linhas se formam na ordem correta (ou seja, à medida que a volatilidade diminui), entendemos que podemos adicionar posições ao ultrapassar esses níveis.

No topo do gráfico, vemos a interseção da nuvem, o que indica que a tendência termina, por isso precisamos fechar as posições.

O que há de bom no indicador Ichimoku? Se uma média móvel leva os preços de fechamento dos castiçais por um determinado período de tempo e divide, por exemplo, por 5, o indicador Ichimoku é construído com preços altos e baixos, ou seja, leva o castiçal inteiro junto com suas sombras.

Por exemplo, como já dissemos, a linha Tenkan-sen é construída como um ponto médio do intervalo alto-baixo de 9 dias. A fórmula é a seguinte (H9 + L9) / 2. Esta linha define uma tendência de curto prazo.

Se a situação no mercado mudar drasticamente, a linha Tenkan-sen reagirá a ela, uma vez que leva em consideração todo o castiçal com sombras, não apenas o preço de fechamento. Isso distingue a linha desse indicador de uma média móvel simples, que sempre fica atrasada. Isso torna o indicador Ichimoku único: ele não calcula a média do preço, mas toma toda a volatilidade do mercado e nos fornece uma avaliação da situação atual.

Finalmente, quero observar que, embora o indicador Ichimoku Cloud seja uma ferramenta poderosa para um trader, você não deve considerá-lo uma panacéia. Use-o em conjunto com outros indicadores e osciladores.

ALLIGATOR (JACARÉ)

Apesar do nome terrível, o indicador Alligator é popular entre os comerciantes de todo o mundo.

Foi desenvolvido por Bill Williams, pioneiro da teoria do caos.

Este indicador é uma combinação usual de três médias móveis suavizadas (SMMA - Média Móvel Suavizada), definidas em 13, 8, 5 períodos e deslocadas em 8, 5 e 3 barras, respectivamente.

As três médias móveis têm seu nome:

- Mandíbula do Alligator
- Dentes do Alligator
- Lábios do Alligator

Quando todas as linhas Alligator se juntam - temos um apartamento. Assim que as linhas se afastarem (o Alligator acorda), devemos abrir a posição.

Este indicador funciona muito poeticamente. No entanto, tenho uma observação: o indicador Alligator é técnico em moedas voláteis e de alto volume. Se você abrir o gráfico de qualquer moeda merda e tentar aplicar esse indicador, ele não gerará sinais.

Osciladores

Como já expliquei, o oscilador é um tipo de indicador. No entanto, diferentemente dos indicadores de tendência, os osciladores podem ser usados não apenas durante uma tendência de alta ou queda, mas também em mercados planos. Cada oscilador indica as zonas de sobrecompra e sobrevenda no gráfico de preços.

Os osciladores são indicadores principais, o que significa que um profissional recebe um sinal de compra ou venda antes mesmo de ser visível no gráfico. Além disso, os osciladores demonstram convergência e divergência (convergência e divergência do gráfico de indicadores com o gráfico de preços).

Os osciladores ganharam popularidade entre os comerciantes devido à simplicidade de sua criação e uso.

RSI

O índice de força relativa (RSI) é talvez o oscilador mais popular. Foi desenvolvido pelo engenheiro americano Welles Wilder em 1978.

O RSI é um indicador técnico útil e abrangente que mostra quanto o preço está mudando na direção de seu movimento. Ele transforma o preço em porcentagem, indicando zonas de sobrecompra (abaixo de 30%) e zonas de sobrevenda (acima de 70%).

Assim, os valores de RSI de 30% ou menos são interpretados como indicando uma condição de sobrevenda, enquanto os valores de RSI de 70% ou mais indicam que a segurança está sendo sobrecomprada. Quando o preço da zona de sobrecompra entra na zona neutra, é um sinal de venda; quando o preço da zona de sobrevenda entra na zona neutra, é um sinal de compra.

Aqui está uma lista de sinais que este oscilador gera:

- Zona de sobrecompra / sobrevenda: quando o valor do oscilador RSI estiver mais próximo de 100% ou 0%, respectivamente
- Divergência: quando o gráfico do indicador forma extremos na direção oposta à direção do movimento dos preços
- A tendência no indicador geralmente coincide com a tendência no gráfico de preços até qualquer um dos casos acima

A convergência ou divergência dos gráficos de preços e indicadores é um método para determinar o término da tendência no mercado. Geralmente, após esses sinais, o preço vai na direção do oscilador.

CCI

O índice de canal de commodities (CCI) é um indicador técnico baseado em uma análise da mudança atual no desvio de preço em relação ao seu valor médio por um determinado período e o valor estatístico médio desse parâmetro.

Esse oscilador, como o RSI, indica zonas de sobrecompra e sobrevenda no mercado. Você pode usá-lo em várias estratégias. Uma estratégia clássica é quando as transações ocorrem quando o CCI sobe acima de 100% ou cai abaixo de 100%. Isso significa:

Para posições longas:

- compre quando o CCI estiver acima de + 100%
- vender quando o CCI cair abaixo de + 100%

Para posições curtas:

- vender quando o CCI cair abaixo de -100%
- compre quando o CCI estiver acima de - 100%

Alguns traders recomendam o uso de um valor zero como linha de sinal, chamando essa estratégia de indicador de CCI Zero:

- Comprar (abrir uma posição longa, fechar posição curta) quando o CCI subir acima de 0
- Vender (fechar posição longa, abrir posição curta) quando o CCI cair abaixo de 0

Agora vamos considerar um exemplo.

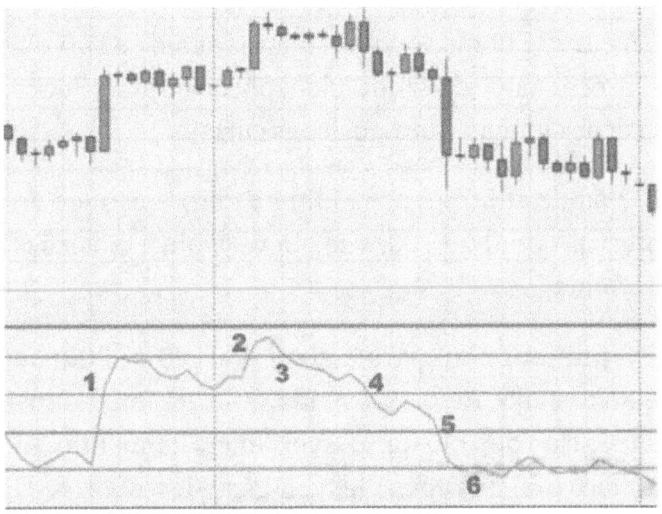

1. O indicador CCI está localizado na zona de sobrecompra, ou seja, entre +100 e +200. É um sinal de uma forte tendência de alta - um sinal de compra.

2. Estando acima de +200 na zona de sobrecompra, você pode marcar uma reversão de tendência antecipada. Aqui você deve definir um stop-loss ou uma posição fechada, com base no comportamento dos castiçais. Como opção, você pode esperar o indicador cruzar +200 na direção oposta.

3. O CCI, que caiu da zona de sobrecompra, está na faixa de +200 a +100. Vale fechar transações longas e se preparar para a abertura de posições para venda.

4. A curva CCI mudou para o intervalo de +100 - 0, o preço saiu da zona de sobrecompra. Feche posições longas, abra posições curtas.

5. Quando o CCI cruzar o limite zero e estiver no intervalo de 0 a -100, você deverá abrir posições de venda.

6. O indicador cai para a zona de -100 a -200, ou seja, a zona de sobrevenda. Observamos uma tendência de queda. Deveríamos aumentar o número de posições de venda a descoberto. O sinal de cruzar a marca -100 na direção oposta indica o fechamento da posição.

OSCILADOR ESTOCÁSTICO

Oscilador estocástico é um indicador técnico que compara o preço de fechamento de um título com a faixa de seus preços durante um determinado período. É medido em porcentagem.

De acordo com a interpretação do autor do indicador, George Lane, o preço de fechamento do próximo período tende a parar próximo aos máximos anteriores durante a tendência de alta; e o preço de fechamento do próximo período tende a parar próximo aos mínimos anteriores durante uma tendência de baixa. Assim, um oscilador estocástico apresenta a localização do preço de fechamento de uma ação em relação à faixa alta e baixa do preço de uma ação durante um período.

O oscilador estocástico possui mais duas linhas (além das zonas de sobrecompra e sobrevenda), que funcionam de acordo com as médias móveis. Eles cruzam e geram sinais.

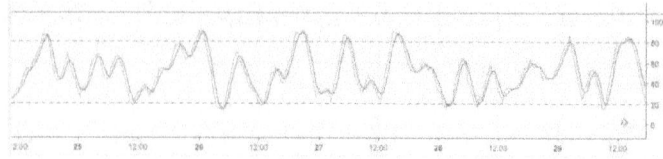

Como negociar usando o indicador estocástico?

- Compre quando o oscilador sair da zona de sobrevenda (acima de 20%) e venda quando o oscilador sair da zona de sobrecompra (abaixo de 80%)
- Compre quando a linha rápida (% K) cruza uma linha lenta (% D) de baixo para cima; vender durante o movimento oposto
- Identifique divergências, ou seja, discrepâncias entre o oscilador e o gráfico de preços.

Pessoalmente, uso o indicador estocástico (e todos os outros osciladores em geral) não para identificar zonas de sobrecompra e sobrevenda, mas para encontrar divergência e convergência. Para indicá-los, eu uso, por exemplo, CCI e RSI, enquanto empacotado com o indicador estocástico, vejo a reversão de preço no gráfico.

MACD

O indicador de divergência de convergência média móvel (MACD) é um indicador técnico desenvolvido por Gerald Appel. O indicador é usado para verificar a força e a direção da tendência e para indicar pontos de reversão. Consiste em duas médias móveis com diferentes períodos.

Existem duas opções para a construção do indicador MACD: linear e histograma. O indicador linear tem a forma de duas médias móveis (rápida e lenta), enquanto o histograma possui colunas que mostram a distância entre essas linhas.

Também é possível identificar divergências e convergências usando esse indicador.

Tenho uma pergunta para você.

Qual linha deste gráfico gera melhores sinais?

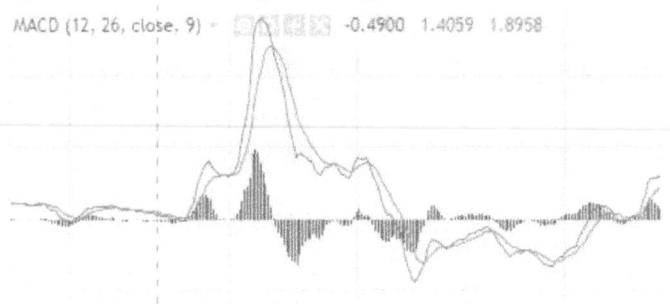

Eu tenho uma pergunta para você. Qual linha deste gráfico gera melhores sinais? Espero que você tenha respondido "a 1ª linha", porque é a resposta correta.

Cruzar a linha de sinal de baixo para cima é um sinal de compra; de cima para baixo é um sinal de venda. Quanto ao histograma: quando passa de uma zona negativa para positiva, é um sinal de compra; quando passa de positivo para negativo, é um sinal de venda. Nesse caso, quanto mais altas as barras, mais forte é uma tendência de alta; quanto mais baixas as barras, mais forte é uma tendência de baixa.

E lembre-se: este oscilador funciona melhor no mercado plano e em grandes prazos.

DIVERGÊNCIA E CONVERGÊNCIA

Já mencionamos que a divergência é uma discrepância entre os valores do gráfico e indicador de preços. A convergência é o termo oposto quando os valores do gráfico e indicador de preços se aproximam. Mas, apesar de suas diferenças, esses dois fenômenos são chamados de divergência na análise técnica.

É a divergência que é considerada um dos sinais mais confiáveis e fortes na análise técnica. Mas não esqueça que você não pode confiar em apenas um indicador. Embora eu conheça um grande número de traders profissionais que fazem previsões de mercado e negociam usando apenas divergências.

Portanto, pode haver uma divergência de alta ou de baixa no mercado. Se a máxima mais alta no gráfico não for confirmada pela alta no oscilador, então estamos falando de uma divergência de baixa. Se a baixa mais baixa no gráfico não for suportada pela baixa no oscilador, temos uma divergência de alta.

Como regra, a divergência indica um enfraquecimento da tendência existente e uma possível correção ou reversão forte. Quanto maior o período, mais forte é o sinal.

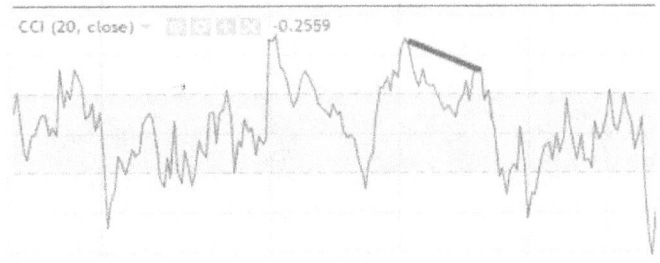

Em outras palavras, a divergência é quando os pontos mais altos do gráfico sobem e, nos osciladores, diminuem. É um sinal de que o preço se moverá na direção indicada pelo oscilador.

Esse sinal pode ser considerado confiável, pois, atingiu o alvo em 80% dos casos.

Para confirmar a divergência na tabela de preços, são necessários pelo menos dois osciladores. Por exemplo, se você usar três osciladores e apenas um deles mostrar divergência — é um sinal falso. Você precisa de dados positivos de dois osciladores, mas é melhor quando todos os três osciladores mostram o mesmo sinal. Uma divergência mais forte deve ser considerada em grandes prazos.

Convergência é a aproximação entre o gráfico de preços e o oscilador, implicando a manifestação dos mesmos sinais. Convergência é o processo oposto à divergência.

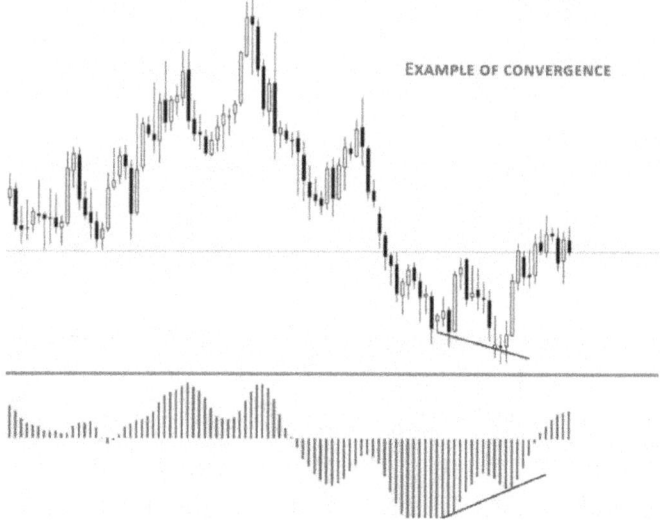

Veja como distinguir entre divergência e convergência fortes, médias e fracas. Eu recomendo que você guarde essa "folha de dicas" para si mesmo.

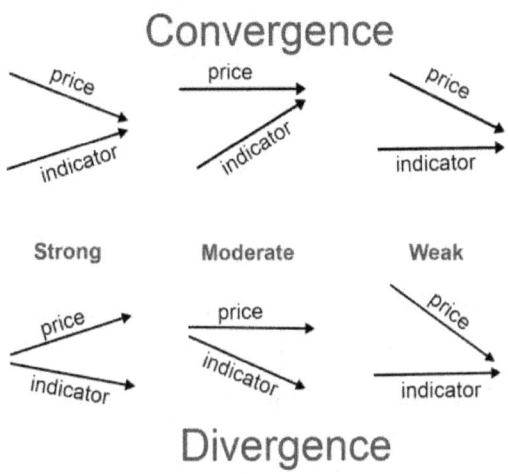

Aqui está um exemplo de divergência e convergência em um gráfico ao vivo.

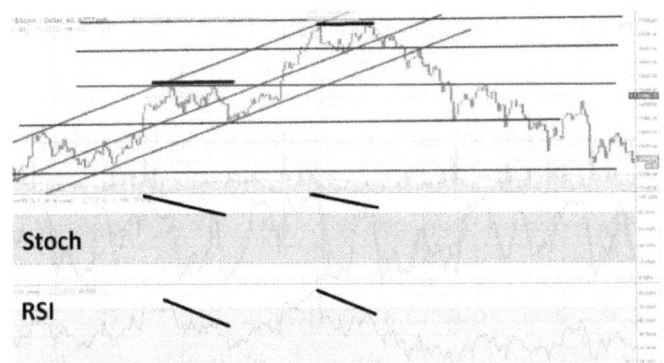

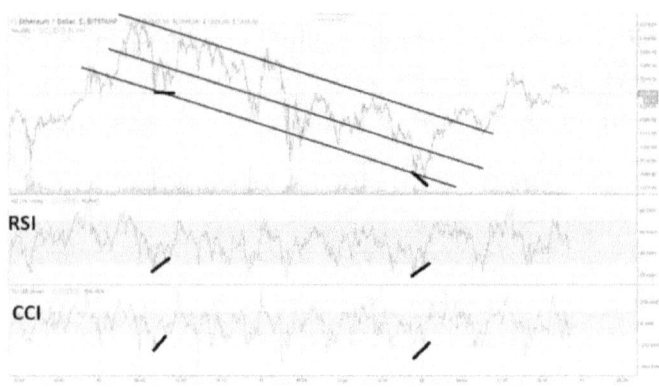

Volume

Esse indicador geralmente é construído sob a tabela de preços e mostra o volume de transações (transações de compra e venda) durante um certo período de tempo. O indicador "Volume", diferentemente dos colegas anteriores, "não gera sinais de compra ou venda. Funciona como uma ferramenta auxiliar, ajudando a determinar a força de uma tendência específica. Quanto maior o volume confirmar uma tendência específica, maior a chance de atingir" o alvo que tem.

Espero que você se lembre de que já discutimos esse indicador nas seções sobre padrões, pois, sempre presto atenção ao volume ao analisar cada padrão. Também é importante para a validade da quebra. Se o volume aumentar, a interrupção não será falsa. Se houver um forte aumento no preço, mas o volume permanecer pequeno, lidamos com um sinal falso.

Basicamente, esse indicador demonstra o interesse dos participantes do mercado em um movimento de preço específico. Quanto mais pessoas abrirem posições quando o preço se mover em uma ou outra direção, maior a probabilidade de continuação desse movimento e maior será o indicador de volume.

Aqui quero fazer uma pequena observação. Pessoalmente, acredito que o volume é um indicador muito controverso, pois, pode ser "desenhado" artificialmente em um gráfico. Mas quem pode fazer isso e como? Obviamente, os principais jogadores do mercado com grande capital podem fazer isso. Um jogador pode comprar uma grande quantidade de moeda, criando assim uma aparência de interesse do consumidor no mercado. O mesmo pode ser feito com a venda de uma grande quantidade de moeda, imitando o desejo de todos os participantes do mercado de "se livrar" dessa moeda. Portanto, preste atenção ao volume ao negociar esta ou aquela criptomoeda. Se você perceber que o mercado está crescendo, mas o volume permanece o mesmo, pergunte-se: porque os grandes jogadores "extraem" o volume agora?

LIÇÃO DE CASA

1. Faça duas previsões nos pontos de entrada e saída usando indicadores de tendência

2. Faça duas previsões nos pontos de entrada e saída, usando osciladores;

3. Faça duas previsões indicando divergências com todos os itens necessários para confirmá-la.

Capítulo 8. Linhas de Fibonacci

Se você já aprendeu como distinguir padrões no gráfico de preços e também usar vários indicadores e osciladores, determinar divergências e convergências, não poderá ficar sem mais uma ferramenta de análise técnica, as linhas de Fibonacci.

As linhas de Fibonacci foram inventadas pelo primeiro grande matemático italiano da Europa medieval, Leonardo de Pisa, mais conhecido como Fibonacci. Este matemático inventou uma certa sequência de números, que mais tarde foram chamados números de Fibonacci. O princípio desses números é que cada próximo número seja encontrado somando os dois números anteriores: 1 + 1 = 2; 2 + 1 = 3; 3 + 2 = 5; 5 + 3 = 8; 8 + 5 = 13, etc.

Mais tarde, outros números foram derivados desses números, que são usados nas negociações.

O que há de tão interessante nesses números? Eles são baseados no princípio da proporção áurea, que sustenta quase tudo o que nos rodeia. Por exemplo, a casca de muitos moluscos, sementes de girassol, pétalas de flores e até mesmo a nossa aurícula são formadas de acordo com o princípio da proporção áurea.

Os números de Fibonacci, baseados no princípio da Seção Dourada, foram utilizados no comércio porque descrevem não apenas os processos de desenvolvimento do mundo, mas também os mercados financeiros. Isso prova que o movimento dos preços também está sujeito a certas leis do universo. O princípio dos números de Fibonacci usados nas negociações significa que cada próximo número é dividido no anterior.

Muitas ferramentas de Fibonacci são usadas no comércio:

- Retração de Fibonacci
- Expansão de Fibonacci
- Fãs de Fibonacci
- Fusos horários de Fibonacci
- Períodos de Fibonacci
- Círculos de Fibonacci
- Espiral de Fibonacci
- Arcos de Fibonacci
- Fibonacci Wedge (Fibonacci Cunha)
- Canal de Fibonacci

Vamos prestar atenção à primeira ferramenta — Retração de Fibonacci. É a ferramenta mais comum para medir o crescimento de um preço da moeda ou a extensão de sua correção (retração).

Portanto, já descobrimos que a principal tarefa para a qual usamos as linhas de Fibonacci é a determinação do aumento ou recuo dos preços. Cada aumento no preço é acompanhado por uma certa diminuição, ou seja, recuo e, ao mesmo tempo, cada recuo é seguido por um aumento. Isso é determinado por meio de linhas de Fibonacci.

As próprias linhas de Fibonacci parecem níveis horizontais. Eles são sustentados pelos coeficientes básicos de Fibonacci (0,236, 0,382, 0,5, 0,618, 0,786, etc.). Essas linhas podem ser desenhadas no Tradingview. Selecione a ferramenta Fibcoeficiente na barra de tarefas (nos gráficos, consideraremos a ferramenta Retração de Fibonacci) e estenda as linhas para a zona do gráfico necessário.

Para medir a retração ou o crescimento, selecionamos os pontos de preço mínimo e máximo na onda extrema da tendência atual. Com a aplicação correta dessa ferramenta, as linhas de Fibonacci o ajudarão a determinar níveis fortes de suporte e resistência, o que, por sua vez, apontará para uma meta de recuo ou meta de crescimento.

O que significam todos esses níveis de Fibonacci? Essas são as zonas em que os comerciantes fazem seus pedidos de compra ou venda. A negociação nas linhas de Fibonacci é realizada de nível para nível. Os níveis de Fibonacci funcionam devido à psicologia humana. Quanto maior o número de traders prestar atenção aos mesmos níveis de Fibonacci, mais pedidos pendentes são colocados nesses níveis, tornando-os mais fortes. Ou seja, se os operadores vêem um nível de Fibonacci que coincide com a linha de resistência, eles recebem a confirmação de suas hipóteses e fazem pedidos.

Antes de examinarmos essa ferramenta no gráfico, quero chamar sua atenção para algumas regras não escritas, que recomendo que anote:

1. No D1, as linhas de Fibonacci são construídas com base nos preços de fechamento

2. Uma ruptura genuína no nível 0,382 sinaliza o desaparecimento de uma tendência e o surgimento de um potencial de formação de movimento de reversão

3. A principal aplicação das linhas de Fibonacci é limitada a uma indicação de zonas de retirada mínima e máxima

4. O movimento direcionado pode continuar sem recuo pelo menos para um nível de 0,236 somente se houver algum "doping" na forma de notícias ou eventos de força maior. Em todos os outros casos, a retração certamente ocorrerá

5. Saltando do nível de 0,236 com uma conquista adicional de novos altos e baixos ocorre em 50

casos em 100. Nos 50 casos restantes, uma retração para o nível de 0,382 continuará, onde a probabilidade de movimento direcionado renovado atingir um clímax de 91%.

E agora consideraremos diferentes tipos de recuos que podem ser medidos no gráfico.

Retração de 50%

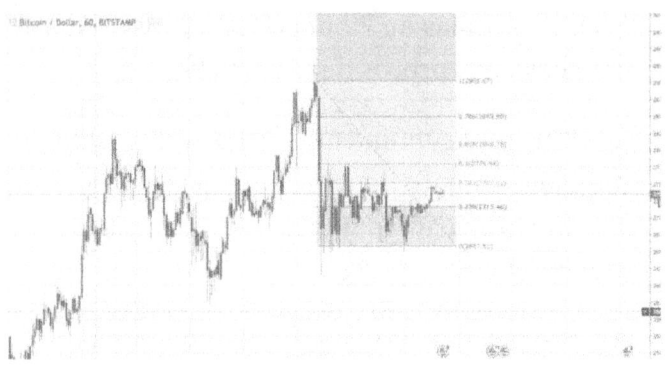

Observe que neste gráfico as linhas de Fibonacci são estendidas de cima para baixo, ou seja, 0 está na parte inferior, enquanto 1 está na parte superior. Porque é que é assim? Houve um forte impulso na venda da moeda no preço máximo, por isso precisamos medir uma retração adicional, ou seja, para entender o quão baixo o preço pode cair. Quando obtemos o primeiro impulso para uma queda no preço, vemos que o movimento de reversão (para crescimento)

atingiu o nível de 0,5. Nesse nível, as vendas continuaram a ocorrer no mercado. Mais tarde, houve um novo teste, ou seja, esse nível foi novamente tentado a ser superado, mas o preço caiu novamente.

RETROCESSO DE 38,2%

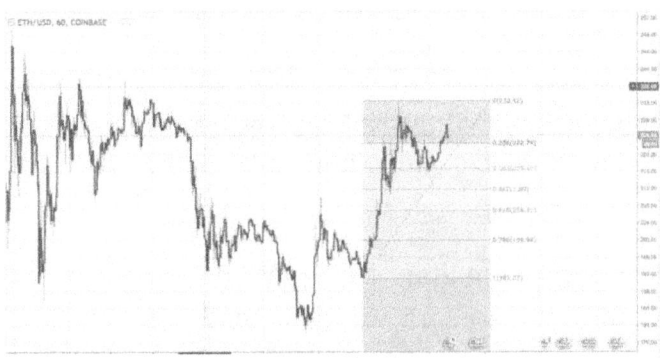

Nesse gráfico, as linhas de Fibonacci são estendidas de maneira diferente da anterior. Temos 1 na parte inferior e 0 na parte superior. Aqui, esticamos as linhas de Fibonacci ao impulso de determinar o crescimento. Aqui o preço se aproxima do nível de 0,382, onde as ordens de compra são executadas e o preço sobe.

RETRAÇÃO DE 78,6%

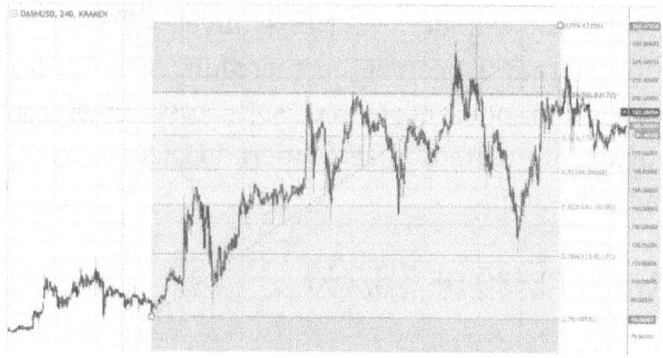

O que vemos neste gráfico? Para medir a retração, adotamos um impulso de crescimento menor e intermitente. É seguido por retrocesso no nível de 0,786.

Posso citar muitos exemplos de medição de retração, mas agora vamos entender o processo de aplicação dos níveis de Fibonacci no gráfico. Veremos duas maneiras de estender as linhas de Fibonacci.

A primeira coisa que você faz quando abre o gráfico (após determinar a tendência, é desenhar níveis de suporte e resistência) encontra o impulso no topo, ou seja, o ponto mais alto da onda mais recente da tendência existente e o ponto mais baixo, ou seja, o início da tendência na parte inferior. Você desenha linhas baseadas nesses dois pontos. Estenda as linhas de Fibonacci do ponto mais baixo ao ponto mais alto e, assim, meça em que nível de Fibonacci o preço está refazendo.

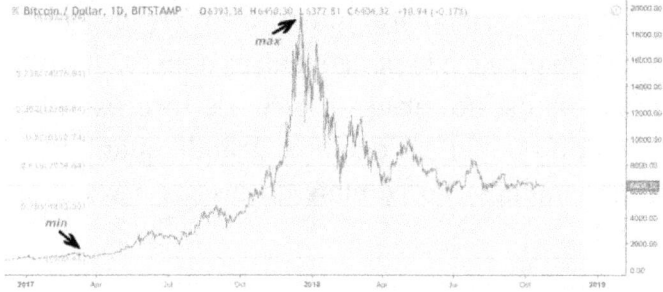

Mas tenha cuidado: é assim que os níveis de Fibonacci são estendidos por batatas pequenas, a multidão. Mas os tubarões — os grandes jogadores — estendem as linhas de Fibonacci de maneira diferente. Se a multidão estender as linhas de Fibonacci de baixo para cima, os tubarões estenderão as linhas de um ponto acima do ponto mais baixo, onde ocorreram muitas "paradas", ou seja, o maior movimento de preços em um nível horizontal. Também não devemos alcançar o ponto mais alto no topo. É assim que parece.

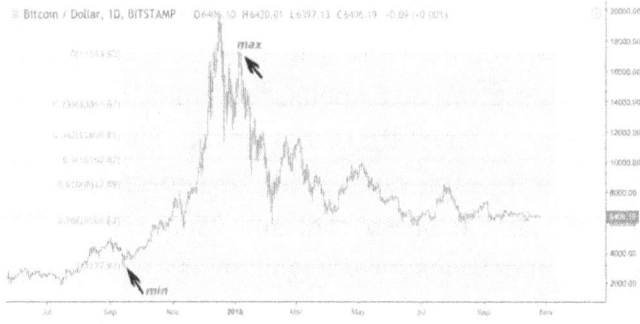

Porque os "tubarões" aumentam os níveis de Fibonacci de maneira diferente? Eles possuem grande capital e não podem deixar o mercado com esses ativos no próprio pico de preços. Eles partem no ponto em que uma grande quantidade de movimentos horizontais de preços é vista no gráfico.

E mais uma coisa: por que precisamos estender as linhas de Fibonacci da mesma maneira que os "tubarões"? Vou explicar

Se você olhar para os dois gráficos, notará que o nível de 0,618 em cada um deles está em lugares diferentes. É muito menor no gráfico da multidão. O que isso significa? Isso significa que a multidão continuará apostando em preços mais baixos, ou seja, abrir posições vendidas. Assim, os grandes jogadores apenas "fazem" pequenos jogadores para abrir posições curtas. Assim que a multidão abrir muitas posições vendidas, os "tubarões" vão subir o mercado.

Ou pode haver uma situação oposta. A multidão compra uma moeda, pensando que o preço ricocheteia do nível 0,618 para cima. Eles abrem uma posição comprada e, é claro, perdem seu dinheiro, pois, o preço continua caindo. É assim que os grandes jogadores enganam os pequenos.

Cabe a você decidir se acredita ou não nessa teoria sobre as linhas de Fibonacci e os principais participantes. Vamos continuar intrigando o tópico.

Lembre-se de que as linhas de Fibonacci podem nos ajudar a medir não apenas o nível em que o preço cairá, mas também o nível em que ele subirá. Estenda as linhas de Fibonacci de baixo para cima (do impulso mais baixo para o mais alto) durante o mercado crescente e estenda-as de cima para baixo durante o mercado em queda (para medir a retração na compra).

Se você medir várias retrações de impulso em uma área do gráfico (e poderá fazê-lo), os níveis de Fibonacci poderão se cruzar às vezes. O que isso significa? Isso significa que há uma faixa de negociação muito forte nessa área. Você também pode combinar as linhas de Fibonacci desenhadas para determinar o crescimento com os níveis de Fibonacci para determinar um recuo. Sua interseção também mostrará os níveis fortes aos quais você precisa prestar atenção especial.

E agora minha principal recomendação: defina uma ordem de lucro não na linha de Fibonacci, mas a uma distância de 5% antes de chegar à linha. Isso ajudará você a fechar o negócio. Às vezes, existem situações em que o preço para a alguns milímetros do seu nível e reverte.

Portanto, seu pedido limite não será executado, mas se seu pedido aguardar o preço abaixo da linha, a probabilidade de sua execução aumentará significativamente.

Outra pergunta frequente: as linhas de Fibonacci devem ser desenhadas nos pontos mais altos dos corpos dos castiçais ou nas sombras superiores? Só devemos capturar sombras superiores se trabalharmos em um período inferior a 4 horas. No entanto, devemos ter em mente que algumas sombras são de natureza manipuladora, por exemplo, quando não havia movimento real no mercado, mas apenas algum tipo de compra ou venda de pânico. Portanto, você deve distinguir entre as sombras ou usar um período de tempo mais longo.

Uma última recomendação sobre os níveis de Fibonacci:

anote os pares perfeitos de moedas e níveis. Por exemplo: "Litecoin funciona melhor no nível 0,382". Acredite, isso irá ajudá-lo muito na negociação.

Lição de Casa

1) Faça 2-3 previsões de crescimento nos níveis de Fibonacci, descreva o que cada nível significa e quais serão os desenvolvimentos futuros desta moeda.

2) Faça 2 previsões de Fibonacci no ponto mais alto do corpo do candelabro (período superior a 4h);

3) Faça 2 previsões de Fibonacci no ponto mais alto da sombra do candelabro (período inferior a 4h).

Capítulo 9. Castiçais Japoneses e suas Combinações

Como a maioria das pessoas imagina visualmente o preço de um ativo ao longo do tempo? Tenho certeza de que a maioria das pessoas imagina uma linha horizontal ondulada que muda e se curva para cima e para baixo a cada segundo. Para estruturar e dar sentido a essa linha em constante mudança, diferentes tipos de gráficos de preços foram inventados. Os tipos mais populares são castiçais japoneses e barras.

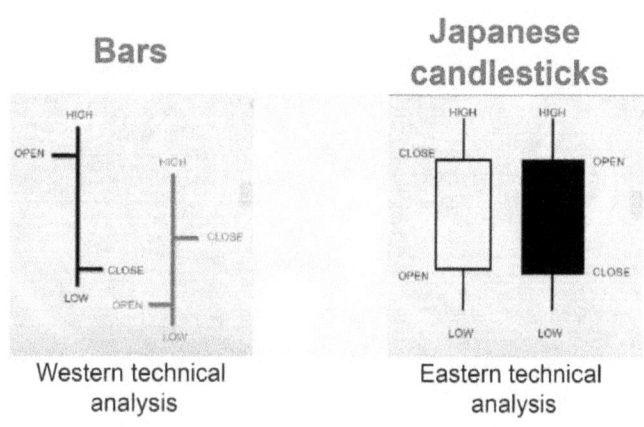

Western technical analysis

Eastern technical analysis

O que é comum entre esses dois tipos de gráfico?

Diferentemente do gráfico linear tradicional, os castiçais japoneses e as barras usam até quatro pontos de dados por um determinado período de tempo, em vez de um:

1. O preço de abertura quando o período começou

2. O ponto mais alto que o preço atingiu durante o período

3. O ponto mais baixo que o preço atingiu no período

4. O preço de fechamento quando o período terminou

São esses quatro pontos que aumentam o valor das informações do gráfico, o que significa que eles podem indicar imediatamente o que está acontecendo no mercado.

As barras são as ferramentas da análise técnica ocidental, enquanto os castiçais japoneses são as ferramentas da análise técnica oriental. As barras podem ser de ordem crescente ou decrescente, os castiçais japoneses também podem ser de alta ou de baixa. Ambos os gráficos transmitem a mesma informação.

Se há muito em comum entre esses gráficos e eles transmitem a mesma informação, porque a maioria dos traders preferem castiçais japoneses?

Essa ferramenta ganhou popularidade não apenas devido à simplicidade de interpretação da situação do mercado, mas também porque reflete a diferença entre o preço de abertura e o preço de fechamento de um castiçal. Essa área é chamada de corpo real de um castiçal. O corpo nos ajuda a avaliar melhor a situação geral do mercado apresentada em um gráfico.

Vamos discutir a estrutura dos castiçais japoneses. Um castiçal exibe uma variedade de movimentos de preços por um período específico (que chamamos de período de tempo). Um castiçal tem um corpo real (geralmente é pintado de preto ou branco) e sombras superior e inferior indicando os preços mais altos e mais baixos por um determinado período.

As velas japonesas têm três variações:

- Castiçais de corpo longo
- Candelabros de papel e candelabros giratórios
- Castiçais Doji

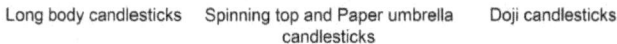
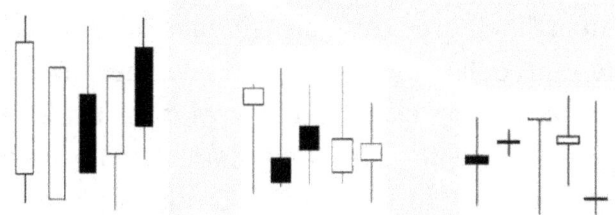

Castiçais de corpo longo têm corpos muito grandes. Uma vela de corpo longo perfeito também tem sombras mínimas. Nesse caso, entendemos que o preço tem uma boa direção. Quanto menor a sombra e maior o corpo, mais confiável é o sinal para nós, o que significa que o mercado está caminhando em uma determinada direção.

Você pode perguntar: como posso identificar um castiçal de corpo comprido? Basta comparar os castiçais um com o outro. Você pode identificar um castiçal de corpo comprido entre outros apenas a olho nu.

Candelabros de papel e candelabros giratórios têm um corpo pequeno, enquanto que as suas sombras podem ser grandes ou pequenas.

Os castiçais Doji têm um corpo muito pequeno ou não o têm de todo.

Muitas vezes me perguntam qual castiçal é melhor, ou seja, mais confiável? Em princípio, não existem "melhores castiçais" no mercado, porque cada um deles fornece um tipo específico de informação. Por exemplo, se vemos castiçais de corpo longo, entendemos que há um movimento forte e proposital no mercado. Castiçais de corpo longo geralmente ultrapassam a faixa de preço. Ou seja, níveis importantes são rompidos com castiçais de corpo longo. Os padrões de análise técnica também geralmente quebram o nível de suporte ou resistência com castiçais de corpo longo. Portanto, castiçais de corpo longo são um tipo de locomotiva que impulsiona o preço. O restante dos castiçais (Candelabros de papel e Doji) pode formar configurações de castiçal de reversão, indicando quedas em um determinado nível e uma inversão de tendência.

Quanto aos castiçais Doji, eles são considerados incertos no mercado. O corpo deles é pequeno e o preço de abertura está no mesmo ponto do preço de fechamento. Nada mudou no mercado por esse período de tempo. Se virmos um castiçal doji com um corpo quase ausente e uma pequena sombra, isso significa que o preço permanece parado e estamos funcionando. Mas se vemos um castiçal doji com um corpo pequeno e uma grande sombra, pode ser um sinal muito forte. A natureza do sinal depende da direção da sombra.

Quanto ao volume comercial, ele pode ser visto apenas em grandes castiçais na maioria dos casos.

Alguns castiçais japoneses, que criam certas combinações no gráfico de preços, são chamados de configurações de castiçais (ou padrões de castiçais). Eles são divididos em três tipos:

- Padrões de castiçais único
- Padrões duplos de castiçais
- Padrões de castiçais triplos

Os padrões de castiçais único e duplo têm a maior popularidade.

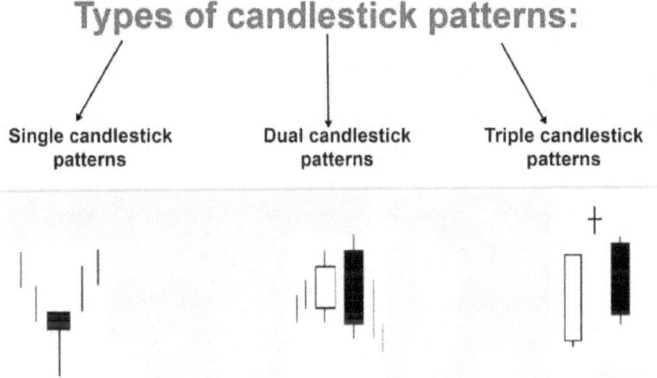

PADRÕES DE CASTIÇAIS ÚNICO

Os Padrões de castiçais únicos, por sua vez, são divididos em fracos e fortes. Configurações fortes permitem interpretar a direção do movimento dos preços com alta probabilidade e definir pedidos pendentes. Assim que vemos uma configuração forte da vela, podemos abrir uma posição.

Configurações fracas requerem confirmação adicional. Para decidir final sobre a abertura de uma posição, precisaremos de mais um castiçal de confirmação.

Até o momento, existem muitos livros com vários nomes de padrões de velas individuais. No entanto, lidaremos apenas com os mais frequentemente observados no mercado de criptomoedas. Ao mesmo tempo, não recomendo que você esforce seu cérebro para memorizar os nomes sofisticados de todas essas configurações de castiçal. Você só precisa entender os princípios de sua formação.

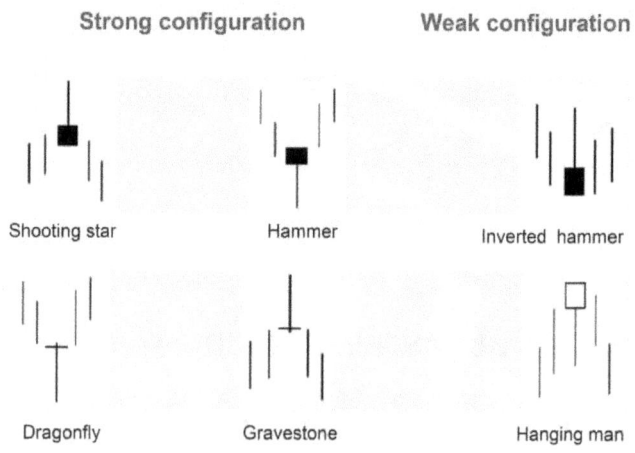

Portanto, as sombras de todos os padrões de velas fortes estão fora da faixa de preço anterior. As sombras de todos os padrões fracos de velas estão dentro do próprio padrão.

Não recomendo procurar os castiçais em algum lugar no meio da faixa de preço. Estamos interessados nos castiçais que estão perto de níveis importantes. Os níveis e linhas determinam os intervalos em que o preço será movido. Assim que o preço atinge esse nível ou linha, começamos a procurar confirmação de romper o nível ou rebater. Primeiro precisamos dos níveis e linhas e, depois, dos castiçais que confirmam esses ou outros sinais. Mas não esqueça que os castiçais nos dão apenas uma direção, enquanto os níveis, padrões ou indicadores nos mostram nosso objetivo.

Vemos todas as configurações clássicas de velas no período de 30 minutos.

E agora vamos nos checar um pouco. Existem dois padrões de velas abaixo: Martelo Invertido e

Estrela Cadente. Qual é forte e, qual é fraco?

Martelo Invertido é um padrão fraco, e *Estrela Cadente* é forte. Poderíamos indicar isso apenas olhando para as sombras dos padrões. No primeiro padrão, a sombra está dentro; no segundo padrão, está do lado de fora.

Agora vamos definir o padrão fraco e forte na figura a seguir.

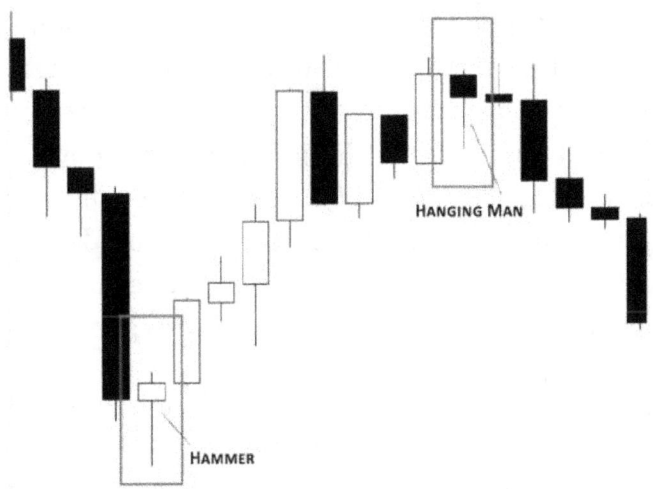

O martelo é um forte padrão de castiçal e o *Hanging Man* (Homem pendurado) é fraco. (Espero que todos os meus leitores tenham entendido)

Sugiro prestar atenção especial a uma única configuração de castiçal, pois ela difere das outras. É chamado padrão *Belt Hold Line* (Padrão de retenção de cinto) e pode ser de alta ou de baixa.

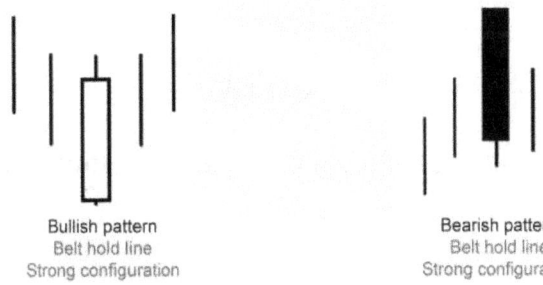

O padrão Bullish Belt Hold Line é uma configuração forte. Esse padrão possui um longo castiçal ascendente com o preço aberto localizado no nível do mínimo diário. Não tem sombra inferior. *O padrão Bearish Belt Hold Line* também é uma configuração forte. Ele tem um longo castiçal descendente com o preço de abertura no nível do máximo diário. Não tem sombra superior.

E, finalmente, quero avisar que os padrões de velas individuais podem ser chamados de maneira diferente:

- Single candlestick configurations (Configurações de castiçais único)
- Pin bar (Barra de pinos)
- Day breakout (Dia de folga)
- First-order extremum (Extremo de primeira ordem)
- Spike (Espinho)

No entanto, você deve saber que esses são apenas nomes diferentes que não alteram a função desses castiçais no mercado.

PADRÕES DUPLOS DE CASTIÇAIS

Vamos agora descobrir alguns padrões duplos de velas.

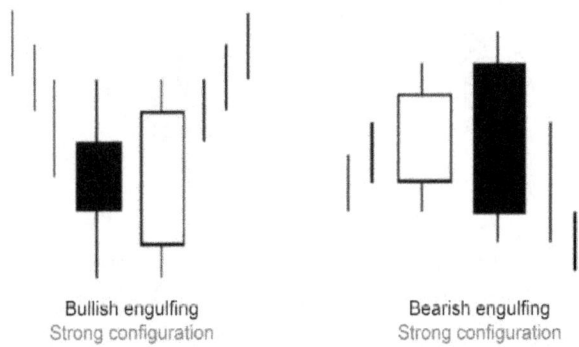

Bullish engulfing
Strong configuration

Bearish engulfing
Strong configuration

A tomada de alta (Bullish engulfing) é um padrão forte. Deve haver uma forte tendência ascendente ou descendente no mercado para sua formação. Esse padrão é formado quando um corpo do segundo castiçal envolve um corpo do primeiro castiçal, enquanto as sombras não podem ser engolidas. O segundo corpo deve ser de cor contrastante.

O engolimento de baixa (Bearish engulfing) também é um forte padrão de castiçal. Tem as mesmas características que a anterior, apenas em um mercado em baixa.

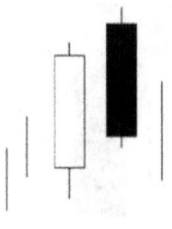 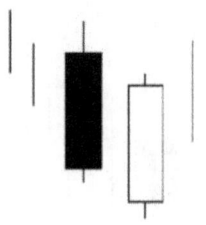

Dark cloud cover
Strong configuration

Piercing pattern
Strong configuration

Dark Cloud Cover é um padrão forte que consiste em dois castiçais. O primeiro é um castiçal branco com um corpo forte. O segundo abre acima do anterior. Ao mesmo tempo, fecha no ponto mais baixo da vela anterior e cobre uma parte significativa dela.

O Piercing Pattern também é um padrão forte e um reflexo no espelho do padrão Cobertura de nuvens escuras.

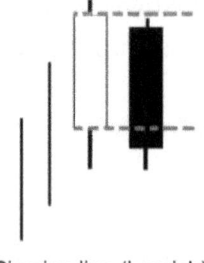 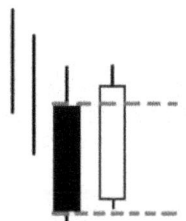

Piercing line (bearish)
Strong pattern

Piercing line (bullish)
Strong pattern

Piercing Line (bearish) também é um padrão forte. O segundo castiçal desse padrão abre mais baixo do que o primeiro fecha. O segundo castiçal fecha mais baixo do que o primeiro abre.

Piercing Line (bullish) também é um padrão forte. É um reflexo do padrão anterior, apenas em um mercado em alta.

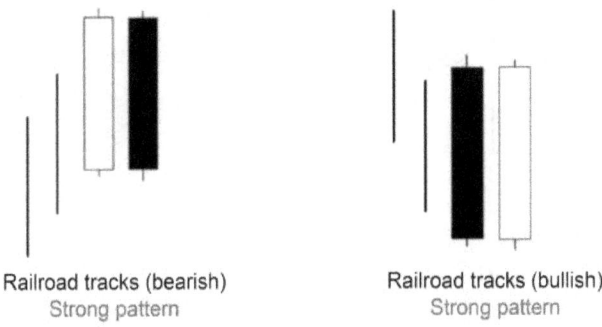

Railroad tracks (bearish)
Strong pattern

Railroad tracks (bullish)
Strong pattern

Railroad Tracks (bearish configuration) é um padrão forte. Consiste em dois castiçais quase idênticos de cores contrastantes. Esse padrão de castiçal possui corpos grandes e não possui longas sombras.

Railroad Tracks (bullish configuration) também são um padrão forte. Tem as mesmas características, mas aparece em um mercado em baixa.

Vale a pena notar que existe um padrão de reversão fraco entre todos os padrões duplos de velas. É chamado Bearish Harami e Bullish Harami na parte inferior do mercado. O segundo castiçal desta configuração é muito pequeno, menos de 50% do anterior. Também é de cor contrastante. A aparência de um padrão desse tipo no gráfico deve fazer com que você olhe para a situação atual do mercado.

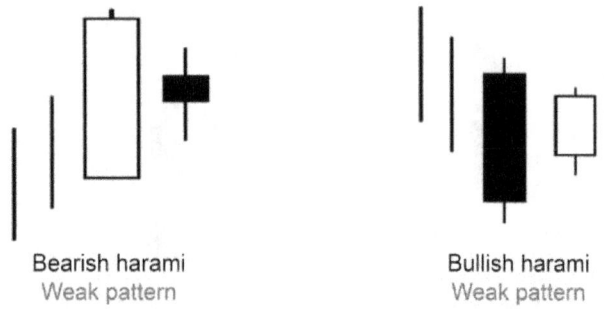

Bearish harami
Weak pattern

Bullish harami
Weak pattern

Há também o chamado "booster" de configurações: *Tweezer*. Consiste em dois castiçais de cores contrastantes com os mesmos pontos mais baixo e mais alto

Tweezer

Tweezer não é uma configuração separada. Dá força adicional ao sinal que recebemos. Tweezer sozinho não pode ser um forte sinal de reversão de tendência; seu papel é reforçar um ou outro padrão de castiçal. Portanto, o Tweezer pode ser encontrado no gráfico em um par com padrões diferentes.

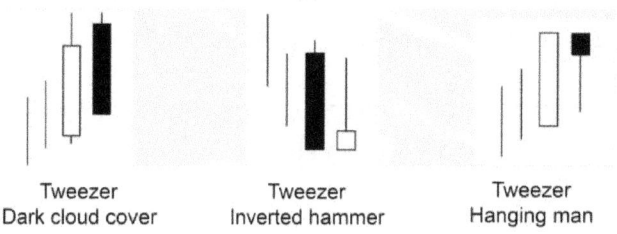

| Tweezer | Tweezer | Tweezer |
| Dark cloud cover | Inverted hammer | Hanging man |

Abordamos as principais configurações de velas observadas no mercado de criptomoedas. Não tente memorizar todos os seus nomes. A principal coisa que você precisa aprender: o principal fator nos padrões de velas individuais é a sombra; o principal fator nas configurações de castiçal duplo é o tamanho e a cor do corpo do castiçal. Sombras em configurações duplas de velas não são importantes, mas, quanto mais curtas, melhores.

Se você analisar os castiçais japoneses no gráfico, siga as seguintes regras:

1. Estimar o tamanho, a cor e a configuração de um castiçal somente depois que ele for fechado

2. O tamanho de um castiçal é um indicador subjetivo, pois depende da volatilidade do mercado atual

3. Examine os padrões de velas de reversão voltados para cima ou para baixo do mercado

4. Não se esqueça que os padrões de velas de reversão indicam apenas a reversão do preço, não a que distância o preço atingirá

5. Quanto maior o período, mais confiável é o sinal dos padrões de velas.

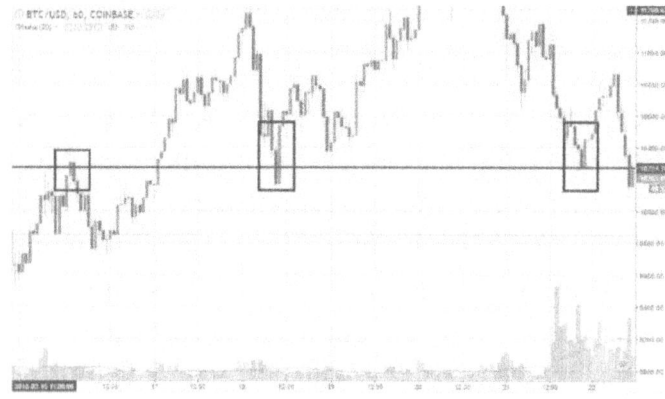

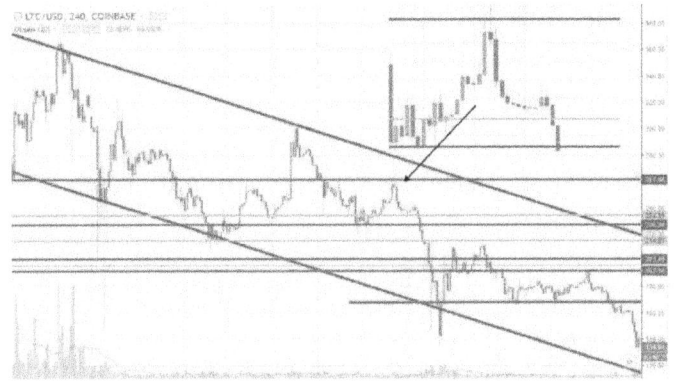

Ao mesmo tempo, os castiçais japoneses também são estimados pela força do corpo, pela força das sombras e pela força negativa.

Força do corpo: Quanto mais longo o corpo, maior a probabilidade de movimento dos preços na direção selecionada.

Força da sombra: quanto menor a sombra, maior a probabilidade de movimento em direção à sombra curta.

Força negativa: se o preço não se moveu na direção esperada, é mais provável que vá na direção oposta.

Lição de Casa

1) Faça duas previsões, usando configurações de castiçal único

2) Faça duas previsões, usando configurações de castiçal duplo

Capítulo 10. Teoria das Ondas de Elliott ou Comércio de Ondas

Algunstraders acreditam que a Elliott Wave Theory é a melhor ferramenta para determinar o movimento do mercado. Vou lhe dizer: adie a alegria como se você tivesse encontrado uma panacéia para todos os problemas. Primeiro, você precisa passar mais de um dia da sua vida para compreender a teoria das ondas, pois, essa ferramenta é complexa. Segundo, ainda prefiro levar em consideração os dados de várias ferramentas durante a análise do gráfico da moeda selecionada. O resto é com você.

O que é a teoria das ondas de Elliott? Em resumo, as ondas Elliott possibilitam estruturar movimentos complexos e caóticos no mercado. Quão?

Tenho certeza que você sabe que existem fases de crescimento e fases de declínio no mercado. E é a teoria das ondas de Elliott que pode estruturar todas essas fases em um gráfico.

Antes de mergulharmos no tópico difícil das ondas de Elliott, sugiro relembrar mais uma vez os fundamentos da análise técnica. Você pode usar a teoria das ondas de Elliott, os indicadores, a análise gráfica ou não, essas regras funcionam da mesma forma para todos os instrumentos.

A teoria Dow diz:

- mercado leva em consideração tudo
- mercado se move em uma determinada direção
- Volume confirma tendência
- As tendências existem até que sinais definitivos provem que eles terminaram

Regras de Jesse Livermore:

- Nada de novo ocorre no negócio de especular ou investir
- Os mercados nunca estão errados - as opiniões geralmente são
- Evite esquemas de enriquecimento rápido
- A ilusão deve ser banida

Esses clássicos delinearam alguns dos princípios fundamentais da análise técnica, onde a Teoria das Ondas Elliot ocupa seu lugar de destaque. Portanto, recomendo que cada uma dessas regras seja lembrada a todo custo.

A próxima coisa que você precisa aprender a entender a teoria das ondas de Elliott é a natureza cíclica, de fase e fractal dos mercados financeiros.

Prepare-se: haverá muitos gráficos agora, mas não podemos ficar sem eles nesta seção.

No gráfico Bitcoin de 2017, podemos ver a fase de crescimento e a fase de queda de preços no primeiro semestre do ano. No entanto, no final de agosto e no início de setembro, o gráfico de preços formou uma nova fase de crescimento e uma nova fase de declínio. Ao mesmo tempo, no final do ano, outra fase de rápido crescimento e declínio apareceu. O que isso significa? Isso significa que o Bitcoin se moveu muito bem em certos ciclos no ano passado.

Nesse gráfico, é possível ver melhor como o preço influenciou na formação da fase de crescimento prosseguiu com a fase de declínio, ou seja, formou todo um ciclo de mercado.

Esta imagem mostra uma tabela de preços de ouro. Demonstra um exemplo da *natureza faseada e cíclica do preço*. Observe que a natureza cíclica é observada na fase de crescimento (bem como na fase de declínio), isto é, fases de crescimento menores e fases de declínio menores. Assim, entendemos que toda onda grande tem sub-ondas menores.

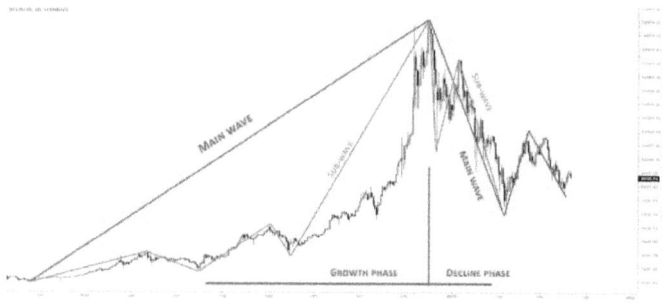

E aqui tentei demonstrar a natureza fractal do mercado. Podemos observar a onda principal e sua estrutura interna na fase de crescimento. A fase de declínio também é dividida em sub-ondas.

Se falarmos sobre esse gráfico, ele mostra uma fase de declínio, pois, o preço do Bitcoin formou uma onda descendente no início de 2018. Aqui as principais ondas também são divididas em sub-ondas.

Assim, descobrimos como é a natureza das fases e do fractal no gráfico de preços. Agora, vamos dar uma olhada na própria teoria das ondas de Elliott.

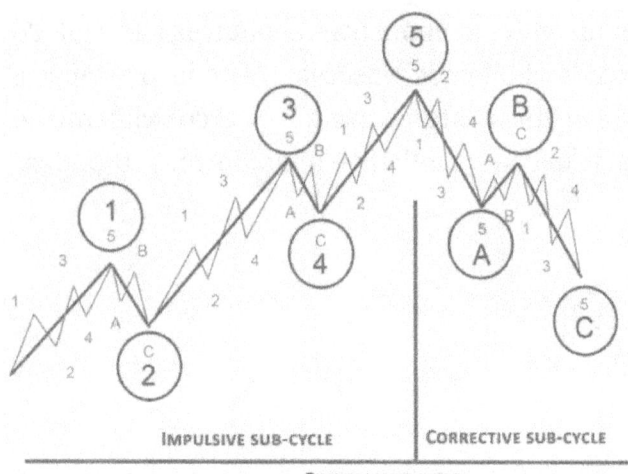

Uma fase de crescimento na Teoria das Ondas de Elliott é chamada *subciclo impulsivo*, enquanto a fase de declínio é chamada *subciclo corretivo*. As duas fases formam um ciclo completo de mercado.

O subciclo impulsivo geralmente consiste em 5 ondas, onde as ondas 1, 3 e 5 são impulsos e as ondas 2 e 4 são ondas correcionais que ligam esses impulsos. Cada onda também possui uma estrutura interna de ondas onde, por exemplo, a onda de impulso 1 é construída a partir de 5 ondas, a onda correcional 2 é construída a partir de 3 ondas, a onda de impulso 3 é construída a partir de 5 ondas, a onda 4 é construída a partir de 3 ondas e a última Onda 5 tem uma estrutura de cinco ondas.

Agora vamos considerar um subciclo corretivo, que possui uma estrutura de três ondas. É marcada como onda A, onda B e onda C. as ondas de impulso são as ondas A e C, e a onda de conexão correcional é a onda B. As ondas A e C também têm a estrutura interna da onda: cada uma delas possui 5 sub- ondas. A onda correcional B tem uma estrutura de três ondas.

Dê uma olhada neste gráfico. Preste atenção que a onda de impulso 5 foi estendida no gráfico Bitcoin para 2017. O pico da atividade de negociação foi observado nesse intervalo. A Onda 5 demonstrou bem que o Bitcoin foi comprado em excesso na época. Portanto, ao analisar um gráfico de moedas, preste sempre atenção à onda 5. Se ela subiu muito para cima (parece muito "nítido"), significa que o gráfico de preços está sobrecomprado. Se você ver uma estrutura pronunciada de cinco ondas, é um bom sinal para você se abster de comprar e fazer uma certa pausa. Afinal, é provável que o gráfico de preços seja revertido após esse período, portanto, você deve se concentrar no declínio. Se você examinou cuidadosamente o gráfico acima (especialmente a fase de declínio), deve fazer uma pergunta: "Qual é o ramo após a onda C, que é o último na fase de declínio?" É o início de uma nova fase do movimento ascendente.

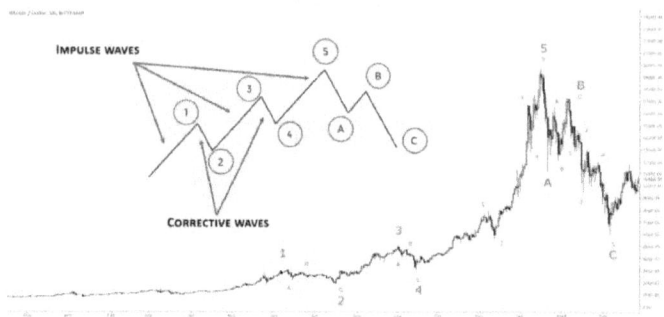

Nesta foto, você pode ver novamente como as ondas de impulso e corretivas são combinadas no gráfico de preços.

E agora vamos considerar as regras básicas da Teoria da Onda de Elliott:

1. A onda 2 nunca chega ao início da onda 1
2. A onda 3 nunca é a mais curta
3. A onda 4 nunca se intromete na área da onda 1

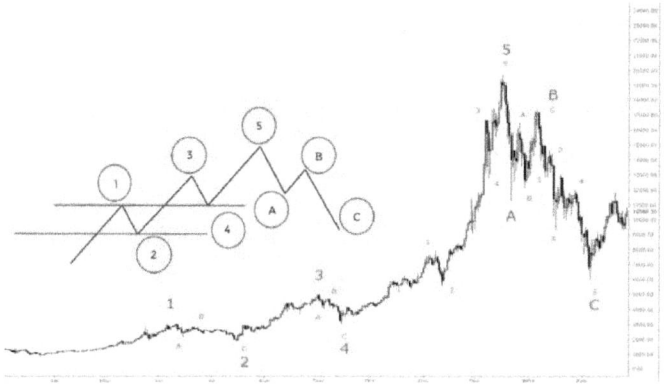

Eu preciso mencionar que existem, é claro, exceções no mercado. Afinal, essas regras foram desenvolvidas por Ralph Nelson Elliott no início do século passado.

ONDAS DE IMPULSO

Agora vamos considerar as *ondas de impulso* e sua aplicação prática.

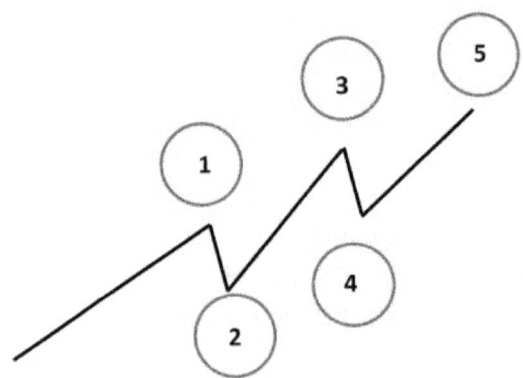

As ondas de impulso nem sempre são idênticas, mas ainda existem regras gerais para indicá-las:

1. Cada pico subsequente de onda de impulso é superior ao anterior
2. Onda de impulso tem cinco sub-ondas.

Aqui está um exemplo. Os impulsos são indicados nesta tabela de preços do Bitcoin. A onda de impulso 1 e a onda de impulso 3 têm uma estrutura de cinco ondas.

Ainda assim, quais são as exceções? O mais comum é a *extensão do impulso.*

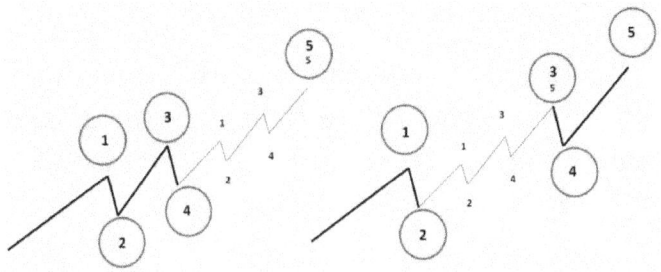

A extensão do impulso é caracterizada por:

1. Onda de impulso é anormalmente longa
2. Frequentemente observado nas ondas 3 e 5
3. A última sub-onda pode ser a mais curta

Podemos observar um exemplo dessa extensão no gráfico Bitcoin para 2017, onde a onda de impulso 5 foi anormalmente longa.

E agora consideraremos outro caso não convencional, mas interessante, que pode ser visto no mercado em raras ocasiões: *truncamento por ondas de impulso.*

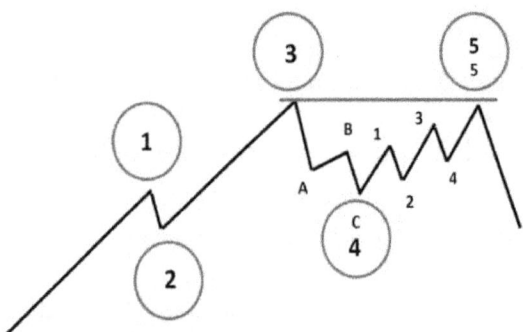

É caracterizado por:

1. A última onda 5 não vai além do pico da onda de impulso 3

2. A estrutura de cinco ondas está dentro da onda truncada 5

Se você ver essa estrutura no gráfico, ou seja, ocorrerá o truncamento da onda de impulso, saiba que este é um sinal confiável de reversão de tendência.

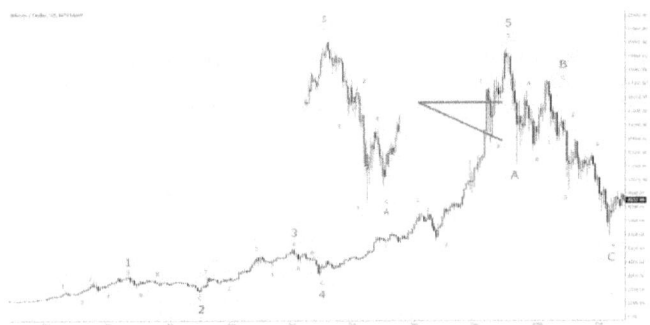

A próxima estrutura é o *triângulo diagonal*. Assemelha-se ao truncamento da quinta onda. A diferença é que isso ocorre dentro de um triângulo diagonal.

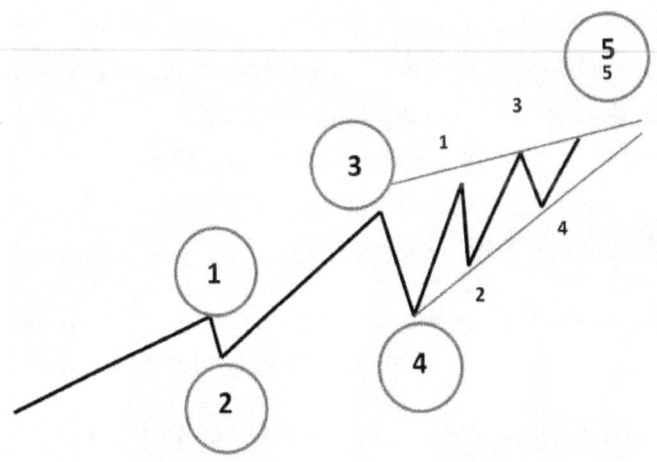

É caracterizado por:

1. A última quinta onda é maior que a terceira onda de impulso

2. Estrutura de cinco ondas está dentro do triângulo diagonal

A aparência de um triângulo diagonal no gráfico indica a conclusão de uma tendência ascendente.

Aqui está um exemplo do triângulo diagonal no topo da última onda 5. É uma zona óbvia de sobrecompra de Bitcoin. A terceira onda acabou sendo a mais curta aqui, mas, no entanto, seu pico está acima do pico da onda de impulso 1.

ONDAS CORRETIVAS

Como consideramos todas as variações das ondas de impulso, vamos agora para as *ondas corretivas.*

Essas ondas são, talvez, as mais complicadas da teoria das ondas de Elliott, pois há um grande número dessas ondas e é fácil misturá-las.

Portanto, com base na minha experiência pessoal, aconselho a determinação das ondas correcionais de Elliott em combinação com a análise gráfica e outras ferramentas de negociação.

A primeira onda corretiva em consideração é uma correção em zigue-zague. É caracterizado por:

1. A onda C está abaixo da onda A

2. A fórmula das sub-ondas é 5-3-5, isto é, a onda A tem uma estrutura de cinco ondas; a onda B tem uma estrutura de três ondas; a onda C tem uma estrutura de cinco ondas.

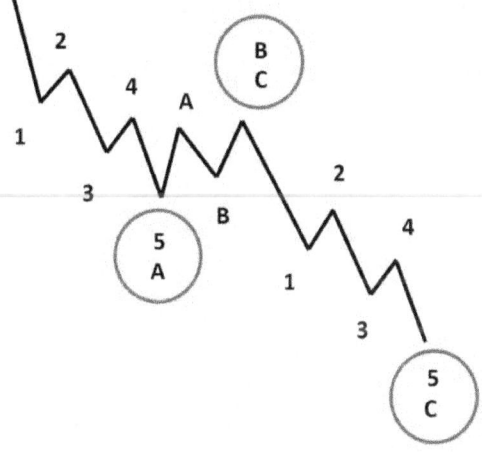

Vamos considerar um exemplo de correção em zigue-zague em um gráfico.

Este é um exemplo de correção em zigue-zague, onde a onda C está abaixo da onda A.

Correção plana. Essa onda é determinada da seguinte forma:

1. A onda C está no nível da onda A

2. A fórmula das sub-ondas é 3-3-5

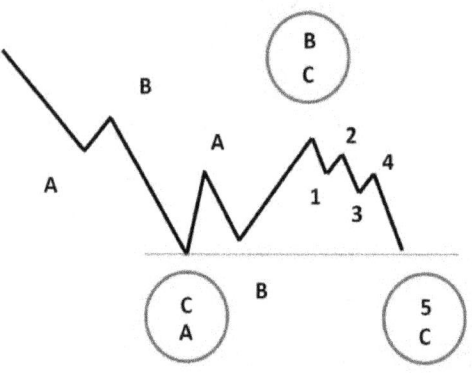

Na minha opinião, uma correção plana é uma das correções mais difíceis de identificar corretamente, uma vez que as correções falsas são comuns (quando a onda B pode ultrapassar o pico do impulso anterior, mas a onda C não fica abaixo da onda de impulso A).

Aqui está um bom exemplo de correção plana. É uma correção lateral dentro da tendência descendente.

A próxima onda está *Running correction (Correção em execução):*

1. A onda C está acima do nível da onda A
2. A fórmula das sub-ondas é 3-3-5.

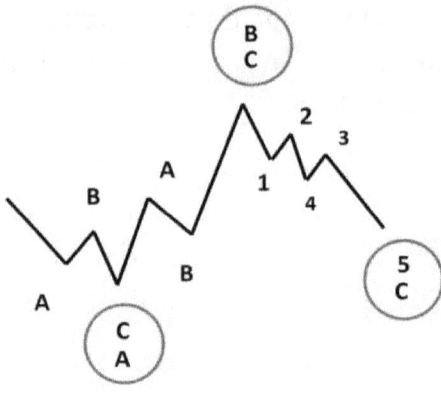

Running correction é frequentemente observada durante uma tendência de alta. Se você perceber que a onda C é a mais curta e não atinge a onda A durante uma tendência de alta, já é um bom sinal de que a tabela de preços pode saltar do nível de suporte e subir ainda mais, formando um novo impulso.

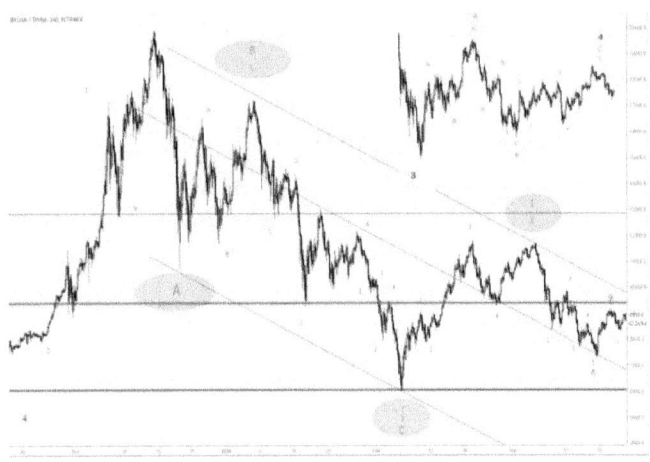

O triângulo é uma estrutura complicada dentro da estrutura da teoria das ondas de Elliott. É caracterizado por:

- Observado nas correções
- Possui estrutura de cinco ondas na teoria das ondas de Elliott
- Sinais da onda E para sair do padrão
- A estrutura das sub-ondas é 3-3-3-3-3

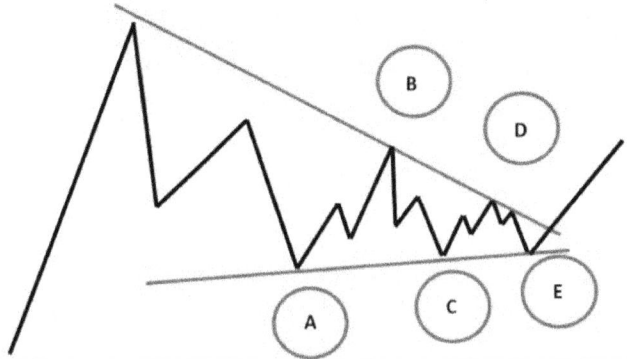

Aqui está um exemplo de um bom triângulo de ondas.

Correções combinadas também podem ser encontradas no gráfico de preços de criptomoedas.

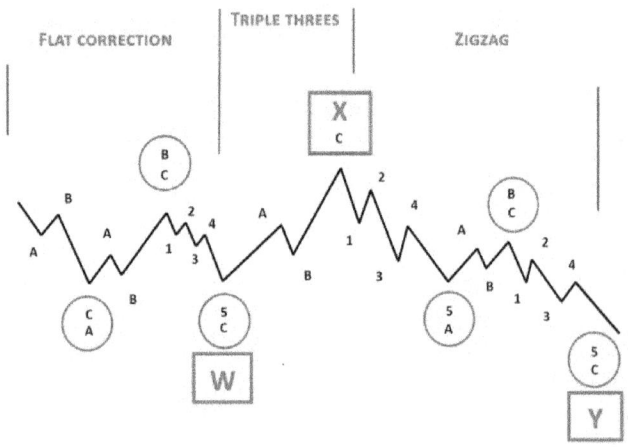

Pessoalmente, observei uma estrutura combinada construída a partir da correção plana, onde a onda C não vai além do fundo da onda A, seguida pela conexão da correção nos três triplos e, em seguida, um zigue-zague, que, via de regra, serve como uma formação de fechamento em combinação de estruturas. Essa formação de onda tem a forma de WXY. Esse movimento corretivo acontece raramente, mas leva muito tempo para se formar.

Aqui está um exemplo de uma estrutura de correção combinada no gráfico de preços da moeda Dash / USD.

COMPATIBILIDADE DAS ONDAS ELLIOTT COM OUTRAS FERRAMENTAS DE PREVISÃO

Já consideramos as variedades de ondas. Vamos agora discutir a *compatibilidade da teoria das ondas de Elliott com os níveis da sequência numérica de Fibonacci*. É um tópico muito extenso, mas vamos nos concentrar nos pontos mais importantes.

A propósito, muitos de meus colegas comerciantes usam ondas Elliott combinadas com as linhas de Fibonacci. Portanto, fique à vontade e leia com atenção.

A grade de Fibonacci é estendida no gráfico de preços na direção de uma tendência de baixa de 100% para 0%. Se o preço atingir a área da seção de ouro durante o movimento corretivo (os níveis de 61,8% e 50%), que, ao mesmo tempo, são fortes, é um sinal de reversão confiante.

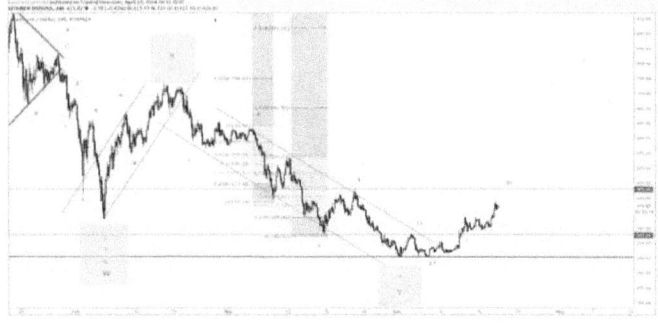

A extensão Fibonacci pode ser aplicada durante a tendência de alta e a tendência de baixa.

Agora, vamos considerar um exemplo de como combinar a teoria das *ondas de Elliott com análises técnicas complexas.*

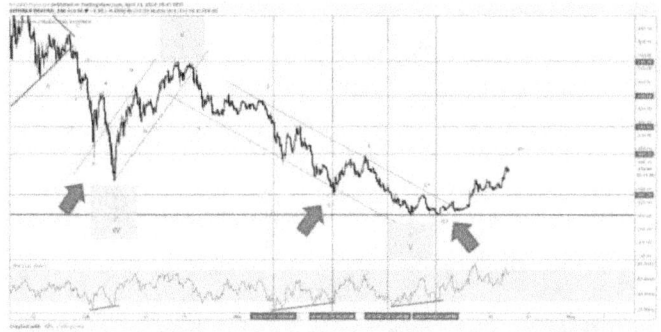

No gráfico, combinei a Teoria da Onda de Elliott com o oscilador RSI, que, como você sabe, mostra não apenas zonas locais de sobrecompra ou sobrevenda, mas também a divergência e convergência. Portanto, se as ondas Elliott parecerem complicadas para você e você não tiver certeza de suas previsões, não será difícil encontrar divergências com a ajuda deste oscilador. A divergência confirmará a correção (ou incorreta) da sua previsão.

Também podemos adicionar uma média móvel às ondas Elliott e ao oscilador RSI. Quanto mais sinais recebermos, melhor.

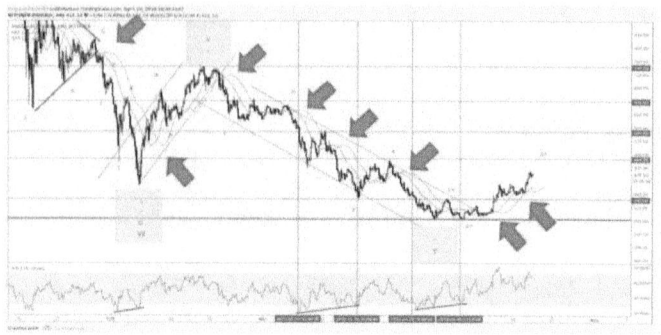

Quanto a um prazo adequado para o desenho das ondas de Elliott, eu, como sempre, recomendo o uso do princípio "grande para pequeno": primeiro, por exemplo, analisamos o gráfico mensal, depois o gráfico semanal e depois o gráfico diário. Assim, você pode ver uma fase de crescimento e uma fase de declínio em detalhes. Procure ondas principais em grandes períodos; procure estrutura interna de ondas (confirmação das ondas principais) em períodos de tempo menores.

Para resumir, gostaria de observar que muitas pessoas caracterizam a Teoria das Ondas de Elliott como uma parte exótica da análise técnica. No entanto, um número crescente de comerciantes recorre a essa ferramenta "exótica". De fato, as ondas de Elliott são complicadas, mas muito eficientes. Eles ensinam como estruturar a tabela de preços e, quanto mais você pratica com ondas, mais claras elas serão para você.

Lição de Casa

1) Encontre uma fase de crescimento e uma fase de declínio em um período D1 de três gráficos de criptomoeda. Marque o movimento de impulso com os números 1, 2, 3, 4 e 5; marque o movimento corretivo com as letras A, B e C

2) Encontre a extensão e o truncamento da onda de impulso no período H4 ou H1 de três gráficos de criptomoeda.

3) Encontre ziguezague, correção lateral ou em execução (em impulso ou onda corretiva) no período H4 ou H1 de três gráficos de criptomoeda

4) Faça uma pequena explicação de suas observações (não mais que dois parágrafos) abaixo de cada gráfico

Capítulo 11. Negociação em rompimentos dos topos locais e níveis importantes

Muitos traders consideram a negociação de abertura como uma estratégia de negociação separada. Não importa como você o chama, ele funcionará quando você dominar suas especificidades. Embora este tópico seja simples (comparado à Teoria das Ondas de Elliott), ele ainda possui muitas peculiaridades que merecem ser compreendidas no estágio inicial. Então vamos começar.

Você já entende que os mercados financeiros se movem de maneira focada. Se observarmos que o gráfico de preços se move em direção à tendência de alta, onde cada próxima baixa é maior que a anterior e os participantes do mercado compram mais do que vendem, obtemos bons sinais de negociação nesse caso. Ou seja, estamos confiantes de que os participantes do mercado continuarão comprando.

Se observarmos uma tendência de queda, onde cada nova baixa é menor que a anterior, entendemos que os traders continuarão focados na redução de preço.

Para determinar a disposição do preço para se mover em uma determinada direção, muitos traders usam os altos e baixos do gráfico.

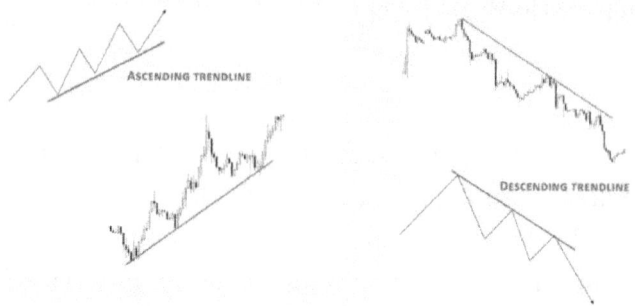

Vejamos um exemplo de como você pode obter um ponto de entrada adicional apenas nas brechas dos topos locais.

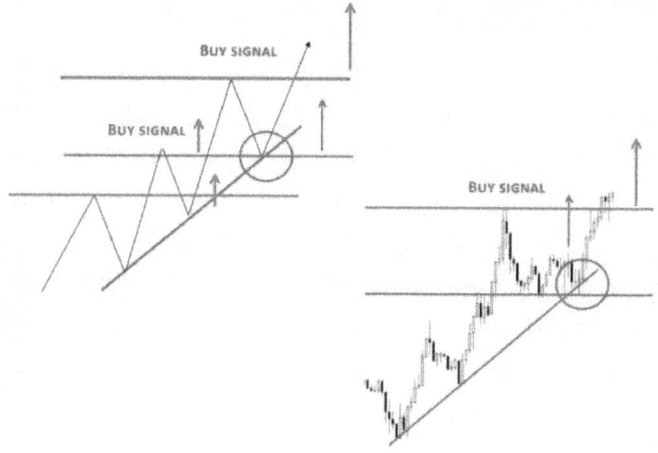

Se o gráfico de preços não apenas ultrapassar a linha de tendência ascendente, onde identificamos os topos locais, mas também os cruzamos, receberemos um sinal adicional. Na imagem à esquerda, as setas mais abaixo indicam que recebemos um sinal de compra mesmo depois de ultrapassar o nível de suporte. Mas se você precisar de um sinal mais confiável, aguarde um novo topo local.

Os comerciantes que negociam rapidamente após o primeiro sinal são os comerciantes agressivos, que tendem a correr riscos. Você pode perguntar: Por que é arriscado se o preço saltar do nível de suporte? Lembre-se de que podem ocorrer falsos rompimentos no mercado. Além disso, o histórico de notícias pode interromper sua tendência de alta em um minuto. É por isso que esses comerciantes assumem riscos. No entanto, aqueles que esperam pelo segundo sinal são proponentes de um estilo de negociação mais moderado. Eles preferem esperar até que o gráfico de preços atinja um novo recorde e depois fazer sua compra.

Abaixo, darei outro exemplo de quando o gráfico de preços não apenas salta da linha de tendência ascendente, mas também continua a subir, formando um topo local.

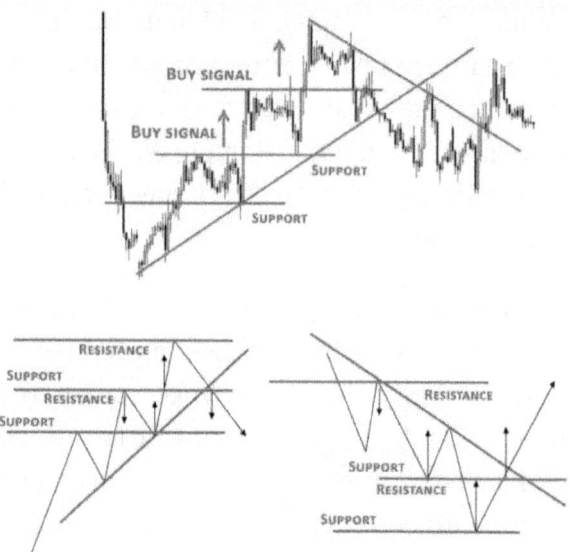

E agora vamos dar uma olhada mais de perto nos topos ascendentes e descendentes.

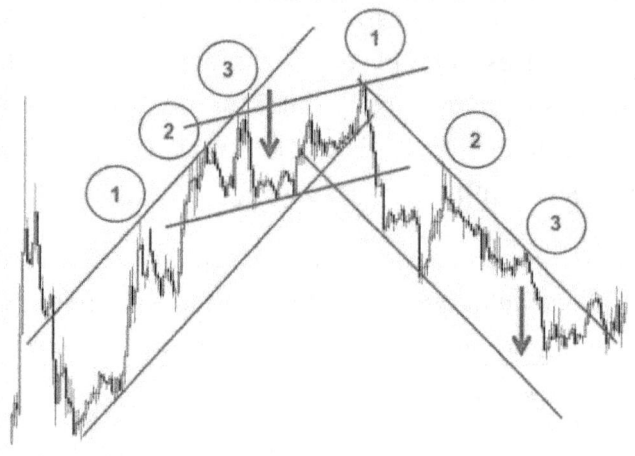

Considere como você pode usar um pedido de compra pendente durante a quebra da parte superior local.

Recebemos um sinal de compra mesmo quando notamos que, embora o gráfico de preços tenha retrocedido levemente após o próximo pico, ele ainda não ficou abaixo da média móvel. Colocamos uma ordem pendente acima do nível de resistência. Assim que a parte superior local for violada, a tabela de preços alcançará seu pedido pendente.

Como regra geral, a quebra de um topo local é seguida por uma aceleração da tendência de alta;

por isso, recomendo usar uma ordem pendente para obter lucro.

Se você ainda tiver alguma dúvida sobre sua previsão, poderá colocar um stop loss abaixo do nível de suporte e, assim, se proteger de perdas desnecessárias.

E aqui está um exemplo de como você pode usar pedidos pendentes ao negociar usandoa teoria das ondas de Elliott.

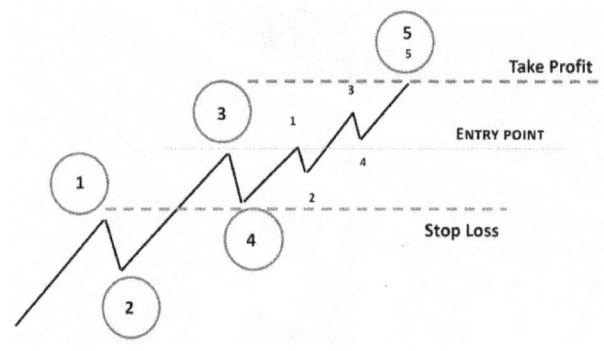

Se o gráfico de preços já formou a onda de impulso 1 e a onda corretiva 2, então a onda de impulso 3 e a onda corretiva 4, é fácil adivinhar que o mercado pode subir ainda mais, pois, o gráfico de preços está na fase de movimento ascendente. Colocamos uma ordem de compra pendente um pouco acima da onda de impulso 3 e esperamos a conclusão de um movimento de cinco ondas dentro da estrutura da onda 5. Coloque o Lucro, dependendo da sua paciência (ou ganância :-). Quanto ao Stop Loss, coloque-o um pouco abaixo da onda corretiva 4.

Aqui está um exemplo de como você pode ganhar dinheiro durante a fase corretiva do gráfico de preços.

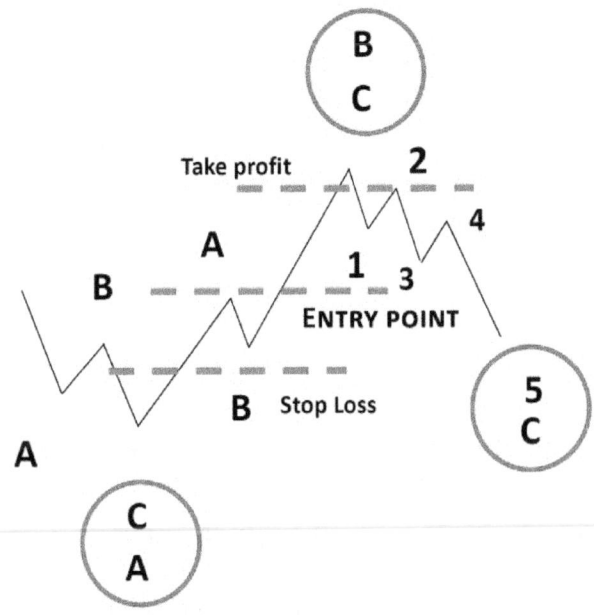

ESTRATÉGIA DE TORNEIRAS TRIPLAS (TRIPLE TAPS)

Agora, seguimos para uma estratégia interessante chamada "Triple Taps". Ela revela o tópico das negociações sobre a quebra de topos locais.

O mais importante nessa estratégia é determinar o nível corretamente.

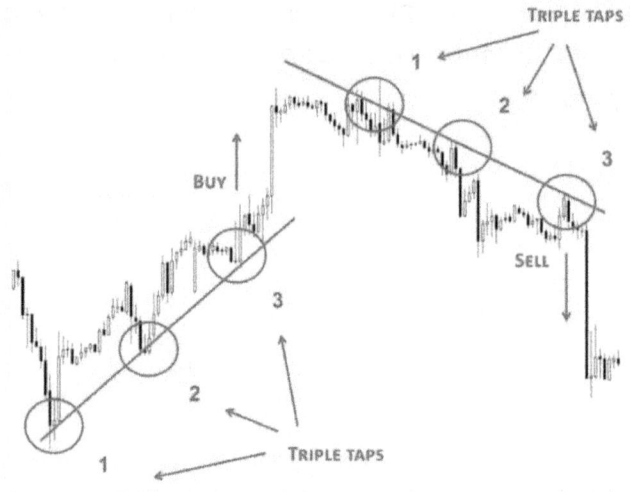

Se você perceber que seu nível é testado repetidamente (três torneiras de preço são óbvias), a tendência de alta é acelerada frequentemente depois da terceira torneira.

As mesmas coisas, mas de maneira inversa, acontecem durante uma tendência de baixa: o gráfico de preços baixa e três toques no nível são formados, seguidos pela aceleração da tendência de baixa.

Este gráfico mostra que recebemos um sinal preciso para fazer uma transação após o último toque no terceiro preço. Nessa situação, também é possível entrar depois de quebrar uma linha e depois de formar um topo local ou mesmo depois de quebrar esse topo.

Para obter uma previsão mais confiável, a estratégia Triple Taps pode ser combinada com as ferramentas Fibonacci.

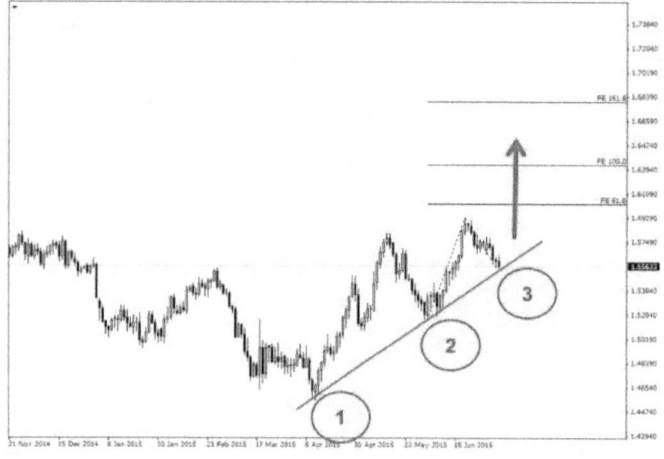

Após o terceiro toque, estendemos as linhas de Fibonacci do segundo toque para um topo local ainda mais para o terceiro toque. Assim, veremos onde o gráfico de preços pode chegar em caso de crescimento adicional.

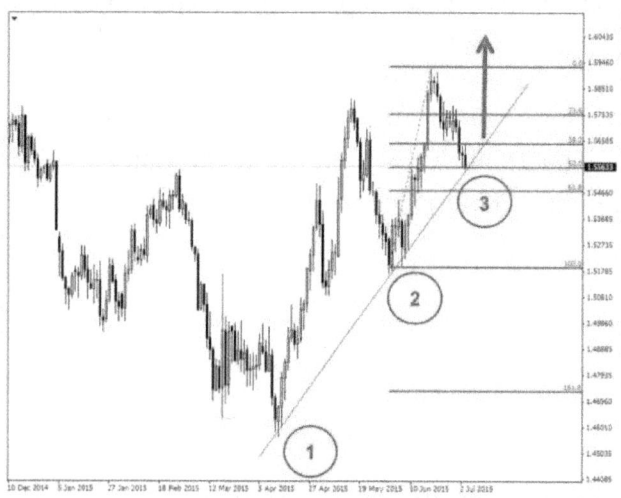

E o último exemplo. Aqui, o terceiro toque ocorreu na área da seção dourada, de acordo com a ferramenta Retração de Fibonacci. O preço atingiu a área de 38,2%, fixado na área de 50% e ainda apresenta retração para a área de 61,8%. Este sinal mostra que o movimento corretivo pode terminar.

Agora vamos resumir. O princípio de negociar com rompimentos de altos locais e níveis importantes é simples e claro. Se você deseja negociar no mercado, espere a quebra de um topo local. Se você estiver disposto a esperar um pouco porque não deseja negociar de forma agressiva, use uma ordem pendente na abertura desta parte superior local. Se você deseja negociar de cima para cima, escolha a estratégia de negociação Triple Taps. Se você tem medo de que o preço não ultrapasse o nível do terceiro toque, faça um pedido pendente para comprar após a quebra desse nível. Quando o gráfico ultrapassar o nível, você ficará calmo, pois já possui uma faixa de preço mais alta.

Lembre-se de que esta estratégia de negociação parece ser muito simples e fácil à primeira vista. De fato, seu principal problema está oculto em um grande número de falsos rompimentos quando o preço quebra o nível, mas depois volta. Isso faz com que um grande número de traders, especialmente iniciantes, perca seu capital.

Meu conselho nesse caso (embora eu recomendo fazer isso em quase todas as seções do meu livro) não é usar apenas uma ferramenta para prever movimentos de preços. Você deve combinar várias ferramentas.

Lição de Casa

1) Encontre pontos de referência para a colocação de ordens take profit e stop loss após o terceiro toque no nível de definição no período H1 ou H4 (esta tarefa prática o ensinará a determinar os altos e baixos mais próximos para que você possa colocar stop loss e receber ordens de lucro)

2) Use a extensão Fibonacci dentro dos Triple Taps, desde a baixa da onda 2 (segundo toque) até a baixa da onda 4 (terceiro toque) no período H1 ou H4. O objetivo desta tarefa é aprender a encontrar o potencial de movimento durante a quebra do nível importante

3) Faça uma pequena explicação de suas observações abaixo de cada gráfico.

Capítulo 12. Aplicação Combinada de Técnicas de Análise Técnica

Eu não tinha certeza se deveria incluir esta seção no meu livro. À primeira vista, esse tópico pode parecer indigno de discussões separadas. No entanto, na minha opinião, é importante. Além disso, a aplicação combinada de técnicas de análise técnica é uma das minhas principais abordagens para tomar uma decisão de negociação. Considero essa abordagem impecável, pois, fornece muitos sinais adicionais e, quanto mais tivermos, melhor. Então, adicione minhas dicas ao seu arsenal.

Você já adivinhou que esta seção nos obriga a repetir quase todas as informações que, já aprendemos. Vamos começar do básico da análise técnica. Mencionei que a regra básica da análise técnica é "A história se repete". Nada de novo acontece nos mercados financeiros. Tudo o que já aconteceu está fadado a acontecer no futuro novamente. Portanto, qualquer ferramenta de análise técnica usada, lembre-se desta regra.

Não é demais lembrar mais uma vez alguns princípios básicos da formação de tendências. Se observarmos que o gráfico de preços segue uma tendência de alta, a próxima alta deve ser maior que a anterior. Assim, uma espécie de escada é construída à nossa frente, mostrando onde o gráfico de preços pode ir além. Se falarmos sobre a teoria das ondas de Elliott, essa escada deve ser chamada de "fase de crescimento".

Durante uma tendência de baixa, o oposto é verdadeiro: cada próxima alta deve ser menor que a anterior.

Se traçarmos níveis de suporte e resistência abaixo e acima da tabela de preços, obteremos o canal. Assim, o canal consiste em duas linhas paralelas, entre as quais se encontra um gráfico de preços.

Suporte é o nível em que os preços são controlados pelos compradores, que impedem sua queda adicional.

Resistência é o nível em que os preços são controlados pelos vendedores, que impedem um aumento adicional.

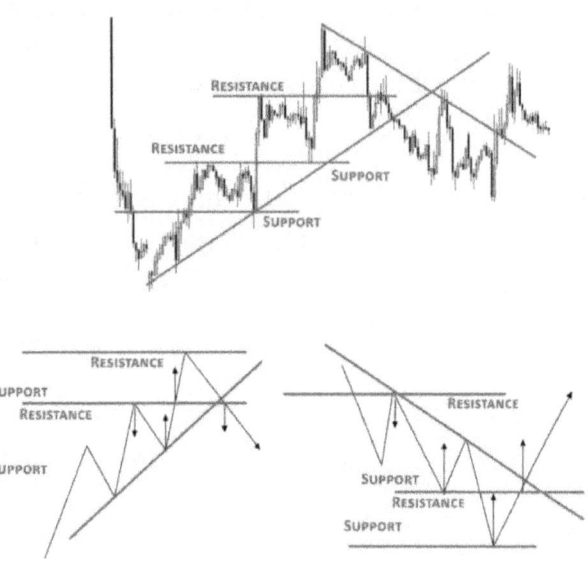

Se o preço subir uma tendência de alta e o gráfico de preços ultrapassar um nível de resistência importante, ou seja, um topo local, receberemos dois sinais: o primeiro - saltando do nível de suporte durante uma tendência de alta e o segundo - um sinal de fuga de um topo local. O primeiro sinal é adequado para os comerciantes que desejam negociar agressivamente, enquanto o segundo é para aqueles que preferem negociar de maneira mais moderada e conservadora.

E agora vamos considerar o complexo mais simples de técnicas de análise técnica - o uso de níveis de suporte e resistência com médias móveis.

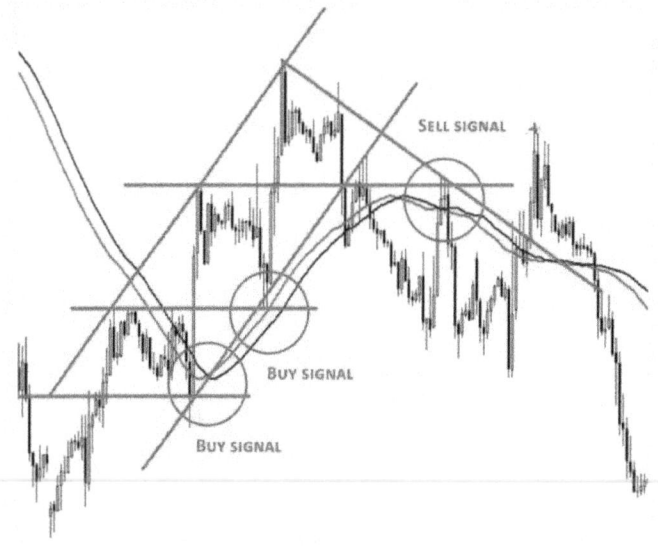

O gráfico mostra que o preço formou um canal ascendente. Os níveis de suporte e resistência são indicados dentro do canal. Assim, temos um sinal de compra para fazer transações dentro do canal com uma meta para o próximo nível. Além disso, um argumento adicional é encontrar uma média móvel abaixo da tabela de preços, o que fornece confirmação técnica a favor de um negócio bem-sucedido. Em outras palavras, se o preço cruza as médias móveis, e elas, por sua vez, também se cruzam para sinalizar crescimento, então é um sinal muito confiável, mostrando que devemos esperar uma nova onda de crescimento. Nesse caso, nossos sinais de compra são refletidos nas médias móveis e refletidos em uma tendência.

Vamos considerar alguns exemplos mais interessantes de como você pode colocar em prática os elementos da análise gráfica juntamente com as médias móveis.

Vemos que o gráfico de preços cruzou a linha de suporte à tendência e saiu de uma tendência ascendente. Além disso, o gráfico de preços ficou abaixo das médias móveis, que, por sua vez, atravessaram para sinalizar uma venda. No gráfico abaixo, vemos outro cruzamento de médias móveis e reversão da linha de tendência. É outro sinal de continuação da tendência de baixa.

Aqui está outro exemplo dos sinais que recebemos graças à aplicação combinada de níveis com médias móveis.

Agora é hora de abordar a aplicação combinada de ferramentas Fibonacci e médias móveis. Não esqueça que os números de Fibonacci desempenham um papel importante na previsão de movimentos de preços.

Quando o gráfico de preços é refazido em relação ao movimento ascendente anterior, é importante determinar a zona "seção de ouro". Existem disputas em andamento entre os comerciantes: onde está localizada a zona da "seção de ouro"? Alguns acham que está localizado no nível de 38,2%, alguém acredita que é o nível de 50%, outros afirmam que é de 61,8%. Pessoalmente, acho que a área da "seção de ouro" está entre 38,2% e 61,8%. E quanto mais o gráfico de preços entra nessa faixa, maior a probabilidade de reversão de preços. É assim que podemos encontrar um ponto de reversão.

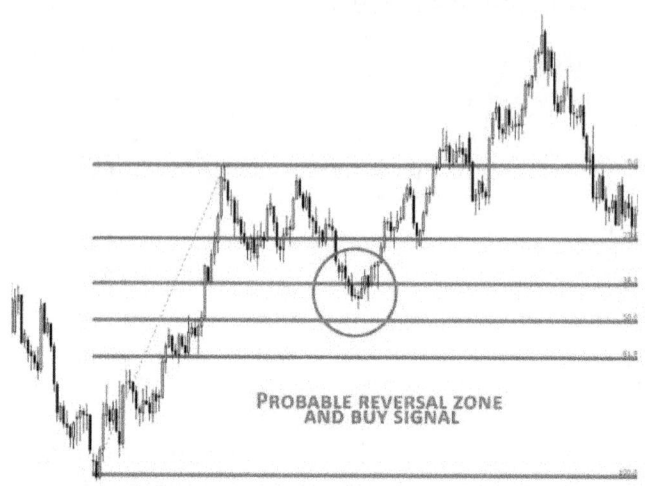

Aqui está um exemplo de uma aplicação combinada de ferramentas Fibonacci e médias móveis.

E agora vamos entender como você pode usar o Índice de Força Relativa (RSI) junto com as linhas de tendência. Deixe-me lembrá-lo de que os topos dos indicadores RSI geralmente são formados acima de 70%, enquanto os fundos são formados abaixo de 30% e lideram a formação de topos e fundos na tabela de preços.

Assim que o gráfico do indicador ultrapassar a linha do sinal, por exemplo, na zona de 30%, entendemos que uma moeda está vendendo demais no momento. Se o gráfico do indicador atingir a zona de 70%, significa que uma moeda está sobrecomprada, portanto, o movimento oposto pode ser esperado.

A imagem mostra que o gráfico de preços estava tentando alcançar a resistência local, mas não conseguiu ultrapassar esse nível e caiu. Observe que quando o gráfico de preços testou o nível de resistência, o gráfico do indicador estava na área de sobrecompra. Então vemos que o gráfico do indicador foi para a área de sobrevenda.

Aqui estão exemplos de divergência e convergência no indicador RSI, que são usados junto com as linhas de tendência.t

Para prever o movimento dos preços, também é bom combinar os padrões de reversão com o indicador RSI. A prática mostra que o topo da cabeça de um padrão às vezes pode ser muito comprado demais, o que é sinalizado pelo índice RSI. No entanto, os padrões podem dar sinais de divergência.

Portanto, vemos o padrão de reversão de cabeça e ombros na parte superior do gráfico. É óbvio que o índice RSI não concorda com o crescimento adicional do par de moedas. Durante a formação dos topos do gráfico de preços, onde o próximo pico foi maior que o anterior, o índice RSI mostrou a situação oposta, que também é chamada de espelho. Divergência formada. Assim, recebemos um sinal de que o ativo deixaria o intervalo de negociação e seguiria para vendas confiantes. Observe que um sinal de venda adicional também mostrou uma quebra do decote de um padrão.

Neste exemplo, observamos um sinal de reversão de dupla tendência e um sinal de venda confirmado. Após a formação do padrão Cabeça e Ombros, o cruzamento das médias móveis acima da linha de sinal foi um sinal de venda adicional do decote. Assim, apareceu um sinal para a tendência de baixa com mais prioridade de venda. Depois que o ativo comercial formou uma tendência de baixa, as médias móveis serviram como uma espécie de resistência contra a reversão.

E, finalmente, vamos considerar como você pode usar os padrões de continuação de tendência junto com as médias móveis.

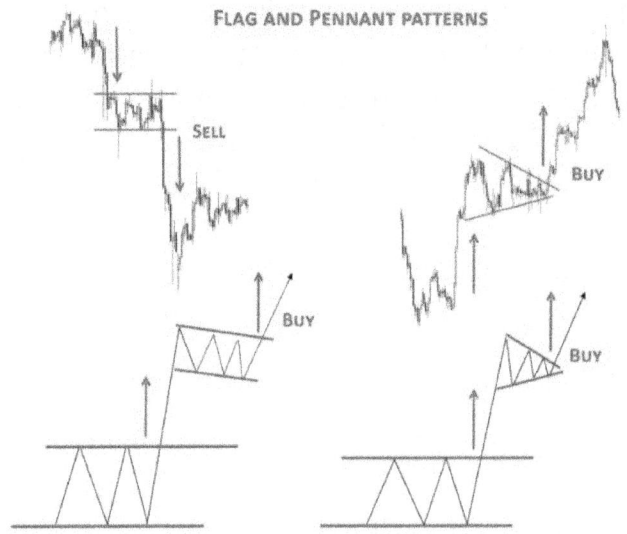

Os padrões de bandeira e galhardete significam pausas curtas em uma tendência em desenvolvimento. A formação desses padrões no gráfico é precedida por uma linha íngreme e quase reta de movimento dos preços. Eles designam um mercado que, em seu desenvolvimento, sobe ou desce, fica à frente de si mesmo, fazendo uma pausa por um momento antes de continuar na mesma direção. Se o gráfico de preços formou um impulso seguido de consolidação, não importa se o preço estará dentro de um padrão de Bandeira ou Galhardete, pois, ainda esperamos um movimento igual à altura do movimento de impulso anterior.

Os padrões de bandeira e galhardete estão entre os padrões de continuação de tendência mais confiáveis. A ruptura da tendência nesses padrões é extremamente rara.

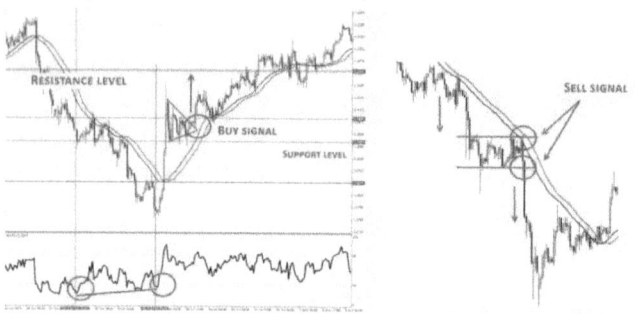

Quanto à combinação dos padrões de continuação da tendência com as médias móveis: se, por exemplo, você vê um padrão de continuação da tendência da flâmula no gráfico, enquanto o preço não fica abaixo da média móvel, mas tenta se fixar nas faixas mais altas, é uma boa compra sinal. Mas se você vir que o gráfico de preços está pronto para sair do movimento consolidado dentro de um padrão de bandeira, enquanto o preço salta da média móvel, é uma boa confirmação de que o gráfico de preços pode atingir uma meta durante o movimento descendente.

Estes são exemplos simples de uma aplicação combinada de técnicas de análise técnica que dominamos. Um esquema mais detalhado da combinação de várias ferramentas para análise de moedas é chamado de "estratégia de negociação". Vamos abordar esse tópico na próxima seção.

Lição de Casa

1) Encontre todos os padrões de reversão que você conhece no período H1 ou H4. Marque pelo menos dois sinais de negociação para cada criptomoeda junto com o índice RSI

2) Encontre todos os padrões de continuação de tendência que você conhece no período H1 ou H4. Marque pelo menos dois sinais de negociação para cada criptomoeda junto com os indicadores da média móvel.

Nota: Lembre-se de que os padrões no gráfico podem diferir significativamente dos padrões perfeitos mostrados nos manuais de negociação.

Capítulo 13. Desenvolvendo Sistemas de Negociação

Fique à vontade e leia com atenção: agora (felizmente ou não) haverá menos gráficos e mais texto.

Como a criptomoeda é um instrumento financeiro único, requer uma abordagem específica para escolher uma estratégia de negociação. Sim, não desconsiderei intuitivamente muitos traders no início de sua "carreira", mas no final, tendo perdido a quantia certa, chegaram à conclusão de que precisavam desenvolver uma certa lista de regras de negociação e aderir a eles. Essas regras constituem um sistema de negociação.

Todos podem ter sucesso no comércio de criptomoedas pelo menos uma vez, mas poucas pessoas conseguem manter um sistema lucrativo estável. O que essas poucas pessoas fazem para produzir esse resultado? Eles desenvolvem a estratégia de negociação correta. Quero sublinhar: CORRETO, NÃO PERFEITO.

Muitos dos meus alunos, por algum motivo, acreditam que eu, assim como outros operadores bem-sucedidos, tenho algum tipo de estratégia secreta que serve como uma máquina de dinheiro.

Eles me imaginam sentado com uma taça de vinho, pressionando alguns botões, enquanto bitcoins derramam na minha carteira. Você acredita nisso também? Se assim for, eu vou decepcioná-lo.

Se você acredita em uma estratégia de negociação "perfeita", tem uma boa chance de morder iscas de maneira alguma caras perfeitos que recentemente se multiplicaram a uma taxa exponencial. Eles estão promovendo a cada passo sua estratégia secreta de super-duper, alegando que ela "facilmente" aumentará sua criptomoeda em troca de uma quantia muito "insignificante e modesta". Cuidado com esses "gurus" comerciais! Coloque seu pensamento: por que um profissional de sucesso compartilharia informações secretas com você? Você pensa que ele ou ela venderá um ganso de ouro por 2 centavos?

Você pode argumentar que muitos comerciantes constantemente fazem um bom dinheiro. Sim, mas eles ganham dinheiro graças à estratégia CORRETA, e NÃO PERFEITA.

Por que estou lhe dizendo tudo isso? Quero que você aprenda de uma vez por todas: não existem pílulas mágicas, inclusive para negociação. É impossível encontrar uma estratégia maravilhosa que o ajude a aumentar os ganhos de capital rapidamente. Portanto, se você esperava que este livro lhe desse um algoritmo claro e passo a passo para se tornar um milionário de criptomoeda no menor tempo possível, você pode encerrá-lo agora. Não continue desperdiçando seu tempo. Este livro é para comerciantes atenciosos que desejam adquirir conhecimento e transformá-lo em suas próprias decisões de negociação. Essas decisões não devem ser minhas, mas suas e somente suas!

Aconselho que você releia novamente as últimas frases e as memorize para sempre. Por mais estranho que possa parecer, eles são o segredo de uma negociação bem-sucedida.

Agora, vamos descobrir o que é um "sistema de negociação".

Um sistema de negociação (sistema de tomada de decisão) é um conjunto de regras que um profissional utiliza no mercado. Essas regras podem ser escritas em papel ou lembradas. O mais importante é que o sistema utilizado pelo profissional seja o mais adequado para seus requisitos. Isso depende de muitos parâmetros:

Temperamento. Você escolhe o que é mais aceitável para você: negociação de curto prazo (várias transações por dia), negociação de médio prazo (de várias transações por dia a uma ou duas transações por semana) ou negociação de longo prazo (várias transações por ano)

Tolerância ao risco: o que você prefere: muitas perdas frequentes e pequenas ou perdas raras e grandes?

Tempo. Determine quanto tempo você pode dedicar à negociação. Por exemplo, a negociação de curto prazo pode levar todo o seu tempo de trabalho, enquanto a negociação de médio e longo prazo exige a visualização de um gráfico uma vez por dia.

Capital de negociação. Avalie qual tamanho de capital você possui. Você deve ter fundos suficientes em sua conta de negociação para implementar seu sistema. Sistemas diferentes requerem um tamanho diferente de capital inicial.

Seu conhecimento sobre o mercado. A maioria dos sistemas de tomada de decisão é construída usando abordagens e técnicas de análise técnica. Portanto, você só precisa de um conhecimento básico de análise de gráficos de preços.

O mais importante é que todos esses pontos não devem caracterizá-lo como membro de uma determinada categoria de comerciantes, mas antes de tudo ensiná-lo a aderir às suas próprias regras. Se você segui-los consistentemente e não se desviar do caminho escolhido, terá lucro.

Antes de começarmos a resolver sistemas comerciais específicos, quero me concentrar em mais uma coisa. Tendo escolhido um determinado sistema de negociação, um comerciante, mais cedo ou mais tarde, enfrenta o fato de que sua estratégia "impecável" começa a infligir perdas. Que conclusões o comerciante faz? É necessário otimizar o sistema! Um trader elimina um problema (por exemplo, ajustando ligeiramente os indicadores) e espera que agora tudo corra bem e que não haverá mais transações não lucrativas. Mas que sorte podre! O sistema já "corrigido" continua a causar danos. Um trader otimiza novamente o sistema existente e continua a negociar, perdendo dinheiro. Esse processo continua até que um profissional perca a paciência (ou capital).

O que esse profissional deve fazer? Pare e analise as causas dos danos. Talvez isso ajude a concluir que otimizar o sistema não era a melhor solução.

O mercado de criptomoedas se desenvolve muito dinamicamente, então amanhã pode não se comportar como ontem. Portanto, o sistema de negociação, é claro, é necessário, mas deve ser selecionado individualmente para cada situação no mercado. Assim, a elaboração de um único sistema universal de negociação "para todas as ocasiões" não funcionará. Você precisa sentir o mercado constantemente e também agir diante da situação específica.

E agora sugiro considerar dois sistemas comerciais interessantes. De fato, existem muitos deles, mas abordaremos alguns dos mais famosos. Mencionarei nomes de comerciantes, mas não me culpe por popularizá-los. Vamos ver apenas que tipo de sistema de negociação essas pessoas de sucesso escolheram.

Um dos sistemas de negociação mais famosos é chamado "Estratégia Bill Williams".

Segundo o trader Williams, fatores aleatórios determinam o preço, por isso é impossível prever seu comportamento. Por esse motivo, essa análise não inclui os elementos da previsão.

Ao mesmo tempo, todos sabemos que o grande número de métodos de análise se baseia na avaliação das tendências do mercado. No entanto, Williams tem certeza de que este é o erro principal e comum. Por quê? É porque esse assunto é muito tendencioso. Williams está convencido de que a interpretação tendenciosa dos sinais do sistema de negociação é a coisa mais perigosa para um trader.

Aqui estão as dicas de Bill Williams para usar o indicador Jacaré (Alligator):

- Nunca negocie contra o Alligator
- Se o Alligator estiver dormindo, o fractal será o primeiro sinal de ação
- Estando em posição, você deve rastrear todos os sinais na direção do Alligator e usar sua linha vermelha como uma parada.

Aqui está um exemplo de construção de um "jacaré" e fractais de acordo com a estratégia de Bill Williams.

A propósito, eu recomendo usar esta estratégia nos prazos H1 e H4.

A segunda estratégia interessante que consideraremos pertence ao trader Alexander Rezvyakov. Aqui estão seus principais princípios:

- Comércio na direção da tendência global
- Negocie com ativos altamente líquidos
- Haveria uma especialização estreita obrigatória em relação aos ativos negociados
- Filtre o ruído do mercado e entre apenas durante o sinal mais forte
- Controle o valor esperado do lucro fechando rapidamente transações não lucrativas e mantendo o máximo possível de posições lucrativas.

A estratégia de Rezvyakov é incomum. Por exemplo, ele sugere o uso de dois prazos: M5 e D1. No M5, é recomendável seguir apenas a SMA para determinar o preço médio. Outra característica distintiva dessa estratégia é o fato de Rezvyakov propor não analisar a correlação do instrumento negociado com o mercado externo.

OS PRINCIPAIS COMPONENTES PARA TOMAR UMA DECISÃO DE NEGOCIAÇÃO

Consideramos os exemplos de estratégias de negociação de alguns traders. Agora sugiro proceder aos principais componentes para tomar uma decisão de negociação. Como analisamos as técnicas de análise técnica em praticamente todas as páginas deste livro, proponho começar pelos componentes da análise fundamental. Aqui está o que você precisa prestar atenção ao analisar o histórico de notícias das moedas:

1. Declarações de desenvolvedores de criptomoedas
2. Declarações dos reguladores (Banco Popular da China, Banco Central de Cingapura, Banco do Japão etc.)
3. Decisões do CME Group Inc. (o Chicago Mercantile Exchange Group), por exemplo, sobre o lançamento de futuros de criptomoedas
4. Forquilhas (divisões de criptomoedas)
5. Projetos importantes da OIC e campanhas de financiamento coletivo
6. Escândalos associados a ataques de hackers

Agora, vamos entender dois pontos muito importantes de negociação que afetam a tomada de decisões comerciais: obtenção de lucros e identificação do volume de transações.

Portanto, *a obtenção de lucro* pode ocorrer em duas variações:

1. Uma porcentagem fixa de lucro é uma das maneiras mais fáceis de determinar os

níveis-alvo. Você define a taxa de retorno em termos percentuais e obtém seu lucro assim que essa meta é atingida. Esse método é mais seguro, mas não tão eficaz, pois, você limita o crescimento de seus lucros.
2. nível técnico alvo é determinado através de várias técnicas de análise técnica. Por exemplo, existem métodos para determinar alvos para muitos padrões de análise gráfica. A teoria das ondas de Elliott também esclarece a questão dos alvos dos movimentos de preços. Você também pode usar extensões Fibonacci para definir destinos. E, é claro, você pode encontrar níveis significativos de suporte e resistência e obter lucros perto deles.

Aqui está um exemplo aproximado de negociação e realização de lucros com rompimentos de topos locais.

Finalmente, o segundo ponto que devemos entender: como identificar o volume de negócios.

O volume da sua transação depende de:

- Valor do depósito
- Porcentagem de depósito que você pode perder em uma transação
- Volatilidade do mercado

Vamos aprender como calcular o volume de negociação. Suponha que negociamos um par LTC / USD. Vamos dar o seguinte exemplo de dados de entrada para o cálculo:

Seu capital é de US $ 1.000

O risco em percentagem do capital é de 5%

O risco em dólares é de US $ 6,85 (por exemplo, preço de US $ 137,11 do par LTC / USD).

O numerador é o seu capital multiplicado pelo risco como um percentual do capital e 0,01. O denominador é o risco em dólares multiplicado pelo valor de uma moeda em dólares.

Volume da posição = (1000 * 5 * 0,01) / (6,85 * 137,11) = 50 / 939,20 = $ 0,05 (0,05323) ou 0,00038 LTC.

O número 0,01 aparece no numerador para converter o valor do risco como uma porcentagem do capital em um formato adequado para o uso na fórmula de cálculo do volume comercial.

Você também deve se lembrar que diferentes pares de criptomoedas têm volatilidade diferente. Se uma alteração de preço de US $ 20 por dia for normal para um par de LTC / USD, uma alteração em alguns décimos ou centésimos pode ser um indicador muito bom para outros.

E agora uma coisa importante. Esqueça todas as informações sobre estratégias populares (ou não tão populares). Você deve formar seu próprio sistema de negociação, encontrar seu próprio ponto forte pessoal. Um e o mesmo sistema de negociação, que funciona bem para um operador, pode não ser adequado para outro. Portanto, se você conseguir formar seu próprio conjunto de regras de negociação e gerar lucro, poderá se chamar um profissional bem-sucedido.

Apenas acredite em si mesmo. Garanto-lhe que o conhecimento adquirido após a leitura deste livro é suficiente para navegar com sucesso no oceano, chamado "comércio de criptomoedas". No entanto, desejo mais uma vez lembrá-lo:

Fique sempre curioso e flexível; não procure um sistema de comércio universal. Não procure maneiras fáceis. Analise constantemente o mercado, aprenda coisas novas e procure novas abordagens. Não transforme suas regras de negociação em uma espécie de esqueleto estagnado, altere-as e mude-se junto com o mercado.

Lição de Casa

Determine dois pontos de entrada e saída usando diferentes estratégias de negociação.

Capítulo 14. Profundidade do mercado ou estratégia de negociação com base na profundidade do mercado

Muitos traders experientes que ensinam iniciantes não incluem esse tópico em seu curso. Eles justificam isso dizendo que você pode negociar sem uma compreensão especial da profundidade do mercado. Eu concordo com eles até certo ponto, mas ainda acho que esse conhecimento não irá prejudicá-lo.

Ao mesmo tempo, acredito que a profundidade do mercado seja um tópico obrigatório para certos traders. Se a troca que você escolher não for particularmente grande, você deverá conhecer a profundidade do mercado. Vou explicar o porquê. Um grande volume de transações pode mudar o preço da moeda em pequenas trocas. Por exemplo, a compra de um grande volume de Cardano pode aumentar o preço dessa moeda, enquanto a venda é reduzida. Se você puder analisar a profundidade do mercado, poderá prever essa situação, pois, verá todos os pedidos pendentes mais próximos para venda e compra de moedas, com uma indicação do volume.

Como avaliar o potencial de uma ordem específica para aumentar ou diminuir o preço de uma moeda? Compare o volume do pedido como uma porcentagem com o volume de negócios diário da sua troca.

Mas as primeiras coisas primeiro. Qual é a profundidade do mercado e como devemos usá-lo? *A profundidade do mercado* lista todos os pedidos de compra e venda de uma determinada moeda na troca. A profundidade do mercado exibe dados de compra e venda. Os comerciantes, que desejam comprar uma moeda por um ou outro preço, formam uma linha de oferta, enquanto os comerciantes que estão prontos para vender uma moeda por um ou outro preço, formam uma linha de compra. Se você fizer um pedido para comprar ou vender uma moeda, ela também aparecerá na profundidade do mercado.

Aqui está o exemplo da profundidade do mercado na troca de Poloniex pelo par BTC / USDT.

Além da profundidade do mercado, também recomendo prestar atenção aos dados da tabela Histórico do comércio, que, em regra, está abaixo da profundidade do mercado no site da sua bolsa. Todas as ordens executadas são exibidas aqui. Graças a esses dados, você poderá avaliar quais ordens estavam ativas ou passivas, se ordens grandes foram executadas ou removidas, etc.

Agora, vamos à estratégia de negociação usando a profundidade do mercado. De fato, essa estratégia é tão simples quanto o ABC.

Como recomendo entrar no mercado para que seu pedido seja mais provável de ser executado? Você precisa se juntar aos grandes jogadores do mercado. Faça seu pedido antes de outro pedido grande encontrado na profundidade do mercado.

Suponha que você tenha encontrado um pedido com volume muito grande para a venda de EOS em profundidade de mercado. Você faz seu pedido para vender esta moeda pelo mesmo preço que um grande jogador. Uma grande encomenda de um jogador com grande volume pode mover o preço na direção dele, para que sua encomenda também seja executada. Apostamos nisso.

Graças à profundidade do mercado, você também pode ver uma possível reversão. Por exemplo, o mercado cai, mas você vê os pedidos com grande volume para compra em profundidade de mercado. Em tal situação, é possível que esses pedidos consigam impedir a queda do mercado e impulsioná-lo.

Sempre tente analisar a profundidade do mercado com cuidado, para entender até que ponto o preço pode descer ou subir.

Mas não esqueça que existem ordens ativas e passivas. Ninguém pode garantir que um grande jogador que você segue não cancelará seu pedido.

Afinal, muitos pedidos grandes são feitos apenas para assustar jogadores menos experientes.

Você também deve entender que é importante não ser ganancioso nessa estratégia. Você deve obter lucro imediatamente, mesmo em pequenas partes. Uma ordem grande pode mudar o preço em uma direção ou outra, mas não sabemos quão grande será essa mudança; portanto, é importante ter lucro com o tempo.

Ao mesmo tempo, você precisa entender que existem linhas e níveis psicológicos. Como regra, grandes encomendas são feitas em certos níveis psicológicos. Primeiro, encontre um pedido grande na profundidade do mercado e depois observe onde ele está no gráfico. É provável que um nível forte permaneça dentro dessa faixa de preço.

Em uma palavra, a análise da profundidade do mercado não é um componente obrigatório de um profissional bem-sucedido, mas o conhecimento dessa ferramenta pode se tornar um tipo de curinga no seu baralho de cartas, confirmando que o mercado está se movendo da mesma maneira que você previu.

Portanto, para obter um resultado qualitativo de suas previsões, você deve combinar análise técnica com dados de profundidade do mercado em sua bolsa. Às vezes, a profundidade do mercado pode ser informativa e pode ajudá-lo não apenas a fazer uma análise de alta qualidade, mas também a encontrar os pontos de entrada e saída mais bem-sucedidos.

Capítulo 15. Análise Fundamental

Para prever o movimento dos preços da criptomoeda negociada, um trader tem dois métodos principais: análise fundamental e técnica. Enquanto a análise técnica, que já analisamos em detalhes, é o valor da criptomoeda previsto com base em gráficos, a análise fundamental é baseada em fatores econômicos, políticos e sociais, ou seja, na análise de todas as informações disponíveis sobre uma determinada moeda. Um analista está procurando uma cadeia lógica de links que possa levar a certas consequências.

A análise técnica pode ajudar a prever o valor da moeda no curto prazo, enquanto a análise fundamental se concentra no longo prazo. Portanto, a análise fundamental não é sobre preço, é sobre todos os fatores que influenciam seu movimento. A análise fundamental requer um estudo aprofundado de todos os fatos, incluindo aqueles que afetam o valor da moeda por um longo período de tempo - uma semana, um mês ou vários meses. Em outras palavras, a análise fundamental é o estudo do que ainda não está no gráfico, mas o que acabará se tornando o assunto da análise técnica.

Se você acha que a análise fundamental é muito mais simples que a técnica, terei que discordar de você. Não é fácil encontrar uma relação causal entre preço e muitas notícias.

Se você perguntar qual dos dois métodos de análise é mais eficaz, responderei a ambos. Um profissional comerciante é um participante do mercado financeiro que é capaz de usar todas as ferramentas de análise.

As técnicas fundamentais de análise foram usadas pela primeira vez no mercado tradicional americano, e seus fundadores são considerados dois financiadores americanos — Benjamin Graham e David Dodd, que publicaram o livro "Análise de Segurança" em 1934. É neste trabalho que os analistas de todos os mercados financeiros, usando a análise fundamental, ainda dependem.

A análise fundamental é baseada em várias teses:

- preço de qualquer ativo é alterado devido a certas razões (por exemplo, nas negociações, devemos procurar um desequilíbrio entre o preço de mercado e o valor real)
- As razões para a mudança de preço podem ser detectadas através de um estudo detalhado dos fatos que dizem respeito a um ativo específico

- Todo fato implica certas consequências que afetam o preço de um ativo
- Se você conhecer todos os fatos e tirar conclusões lógicas corretas, poderá prever o que acontecerá com um ativo no futuro.

Portanto, se você decidir realizar a análise fundamental, precisará dos seguintes elementos:

- Notícias sobre regulamentação de mercado

- Eventos políticos e econômicos (reuniões dos líderes mundiais para discutir a regulamentação e o desenvolvimento do mercado de criptomoedas; programas e medidas estaduais na elaboração da legislação correspondente no país, etc.)

- Notícias de empresas envolvidas em negócios de criptomoeda (garfos, integração com o setor da economia real, uma atualização do roteiro da empresa, etc.)

- Conferências de imprensa dos atores que influenciam o mercado

Agora vamos identificar todas as fontes de informação que usamos com mais frequência para análises fundamentais no comércio de criptomoedas:

- Informações sobre a própria criptomoeda (sites de desenvolvedores, coinmarketcap.com e recursos similares, Twitter, Reddit, canais de Telegram, etc.)
- Bloomberg - um dos principais fornecedores de informações financeiras para participantes profissionais dos mercados financeiros
- CNBC - Canal americano de notícias sobre negócios em cabo e satélite
- Reuters - uma das maiores agências internacionais de notícias e notícias financeiras do mundo

Além disso, também existem as chamadas informações "off-the-record", por exemplo, dados privilegiados. Mas deve ser verificado com muito cuidado.

Em resumo, você precisa usar um grande número de recursos diferentes para realizar uma análise fundamental do mercado de criptomoedas. No entanto, não esqueça que você não pode ferver o oceano. Você não poderá considerar todas as informações de uma só vez; portanto, sugiro filtrar fontes.

Deixe-me explicar. Por exemplo, conheço muitos colegas traders que monitoram mais de 40 canais do Telegram sobre criptomoeda. Com o tempo, eles se perderam em informações e agora não conseguem separar as informações principais das secundárias, sem mencionar as falsificações.

A julgar pela minha experiência pessoal, devo dizer que uma grande quantidade de notícias para análise é ruim, mas uma pequena quantidade de notícias para análise também é ruim. O que devemos fazer então? Encontre o número mínimo de fontes de qualidade para analisar notícias. Se você gasta muito tempo lendo as notícias e depois gasta muito tempo em análises técnicas, pode começar a odiar as negociações em meio ano. Portanto, procure a quantidade ideal de recursos para obter as informações necessárias para a análise fundamental.

Pode parecer que tudo é simples: basta ler as notícias e analisá-las. No entanto, o problema do mercado de criptomoedas está no fato de ser muito jovem e não ser regulamentado, o que significa que é um pouco "selvagem" e pode ser manipulado. É por isso que não temos um campo de informação que seja 100% confiável. Às vezes, não podemos determinar se as informações que descobrimos sobre um projeto são verdadeiras ou uma manipulação da parte envolvida. Acredite, existem muitas partes interessadas no mercado de criptomoedas.

Por exemplo, quando uma das maiores agências de notícias do mundo publica uma determinada notícia, fazendo com que muitos investidores "despejem" uma certa criptomoeda, e mais tarde essa agência diga "Desculpe, nós misturamos algo", surge a pergunta: foi um erro?

Portanto, dois estados psicológicos de medo sempre prevalecem no mercado de criptomoedas: um medo é que você perca a oportunidade de ganhar dinheiro, enquanto o segundo é a incerteza: tudo não vai dar certo agora? Essas duas emoções sempre competem, e grandes jogadores e partes interessadas constantemente as estimulam. Portanto, é difícil para nós montar uma imagem inteira, como um quebra-cabeça, de muitos componentes da análise fundamental e fazer uma conclusão final sobre a direção do movimento das criptomoedas.

Mas vejamos o mercado de criptomoedas do outro lado, que, pelo contrário, demonstra as vantagens de ser "selvagem" e facilmente manipulado. Atualmente, praticamente não há participantes profissionais no mercado de criptomoedas. A maioria dos participantes do mercado são investidores privados.

Qual é a diferença entre o mercado de criptomoedas "selvagem" e outros mercados tradicionais?

- Bombas / lixões (aumentam ou diminuem artificialmente o valor da moeda)
- Alta volatilidade
- Movimento vibrante da multidão

Por um lado, todos esses fatores são um tipo de vantagem, pois, facilitam muito nosso processo de ganhar dinheiro. No entanto, você precisa entender que o impacto desses fatores terminará mais cedo ou mais tarde. Portanto, nos beneficiaremos dessas vantagens enquanto tivermos essa oportunidade)

E, finalmente, aqui estão alguns sites e serviços que eu recomendo aos favoritos no seu computador:

www.tradingview.com é uma rede social (já discutimos isso antes), na qual vários comerciantes compartilham suas idéias de negociação; outros participantes têm a oportunidade não apenas de monitorar como as previsões dos traders funcionam, mas também de "desenhar" em seus gráficos.

www.coinmarketcap.com permite monitorar a dinâmica do mercado de criptomoedas www.worldcoinindex.com é um serviço que permite rastrear estatísticas sobre moedas. Aqui você pode ver a dinâmica do desenvolvimento de moedas, por exemplo, por um período de um ano

www.coinigy.com permite unir em um só lugar muitas trocas nas quais você pode negociar simultaneamente

www.coinchecup.com permite obter ainda mais informações sobre moedas e a dinâmica de seu desenvolvimento

www.3commas.io ajuda a negociar em bolsas automaticamente

www.iconomi.net ajuda a descobrir as OICs

www.coinmarketcal.com é um calendário de notícias sobre moedas

Não vou citar sites de notícias específicos para obter informações sobre o mercado de criptomoedas. É um assunto muito subjetivo, já que alguns traders acreditam no site de notícias que outros consideram uma porcaria. A escolha é sua.

Lembre-se de uma coisa: para realizar uma análise qualitativa fundamental, primeiro decida-se sobre as fontes de informação. Faça uma lista de sites específicos em que você confia. Se você negociar dentro do dia, precisará de feeds de notícias que forneçam informações em tempo real. Se você se concentrar nas negociações de longo prazo, ler as resenhas de notícias à noite será suficiente para você.

INDICADORES FUNDAMENTAIS PARA ANÁLISE DE MOEDAS

Discutimos, sem entrar em detalhes, as informações e os recursos para a análise fundamental, mas agora vamos dar uma olhada nos indicadores fundamentais que devemos avaliar se você já escolheu uma determinada criptomoeda que deseja especular.

Demanda pela criptomoeda. Você precisa entender quem e por que existe essa ou aquela criptomoeda. Os participantes da comunidade de criptomoedas estão interessados nas moedas que podem ser úteis para o próprio mercado ou que podem se integrar à economia.

Cada criptomoeda tem seu objetivo. Alguns são destinados à transferência de valor, outros podem ajudar a construir um determinado negócio, enquanto outros são projetados para armazenar bancos de dados enormes. Cada criptomoeda é adaptada para atingir certos objetivos, portanto, é óbvio que nem todas as moedas podem ser adequadas para todas as pessoas. Atualmente, existem cerca de 2 000 tipos diferentes de criptomoedas. Cada um deles oferece algum tipo de valor. Mas lembre-se de que o valor não é igual ao preço. O mercado pode estar muito entusiasmado ou cético em relação a uma moeda específica. Nosso objetivo é capturar o momento em que há uma discrepância entre o valor real e o preço de mercado.

Métodos de mineração ou recebimento de criptomoeda. Você precisa estimar quantas pessoas podem ter essa moeda no futuro e, consequentemente, quantas pessoas a usarão. Por exemplo, entendemos que a mineração de Bitcoin não é barata, pois, você precisa comprar equipamentos especiais e pagar contas de eletricidade. Como esse processo é permanente, é improvável que os mineradores de Bitcoin o vendam com prejuízo. Eles formarão um determinado preço e não venderão mais barato.

Número de moedas que já existem e liberação pendente. Se você avaliar esse fator na moeda de sua escolha, poderá entender sua relevância potencial no futuro. Não é segredo para ninguém que uma quantidade limitada de uma determinada moeda aumenta seu valor, enquanto a emissão ilimitada, pelo contrário, pode desvalorizar a moeda, especialmente se não for tão popular. Por exemplo, se você se pergunta porque o XRP é muito mais barato que o Bitcoin, basta comparar a quantidade de ambas as moedas em circulação.

A posição atual da criptomoeda no mercado. Este indicador fundamental é estimado por vários fatores econômicos. A posição atual da moeda afeta seu futuro. Por exemplo, a criptomoeda com uma capitalização de bilhões de dólares tem mais perspectivas do que um ativo com uma capitalização de US $10.000. Aqui está um exemplo simples: quatro caras desconhecidos que trabalham em algum tipo de garagem esquecida por Deus têm mais chances de aumentar seu capital mil vezes em comparação com o mundialmente famoso Google.

Volume de negócios. Este indicador mostra o número de pessoas interessadas em criptomoeda. Além disso, você deve distinguir entre traders e investidores de longo prazo. A dominação dos traders aponta o valor da moeda como uma ferramenta especulativa momentânea, enquanto a prevalência dos investidores indica suas perspectivas no futuro.

Indicadores de crescimento de preços. O preço pode demonstrar não apenas um aumento ou diminuição do valor de mercado de uma moeda, mas também um aumento ou diminuição das pessoas interessadas nela.

A posição da criptomoeda no mercado tradicional. Ao analisar esse aspecto, você poderá entender a relevância adicional de uma moeda fora do mercado de criptomoedas. Aqui é necessário usar os fatos relativos à política dos estados em relação a uma moeda. Por exemplo, permissões, proibições, uso em um setor específico e assim por diante.

Informações sobre o desenvolvedor. Descubra quem representa uma moeda e como essas pessoas podem contribuir para o seu desenvolvimento.

Análise das atitudes atuais dos usuários. Estamos interessados na atitude dos usuários de moedas em relação às suas perspectivas.

Estes são todos os principais indicadores fundamentais para análise de moedas. No entanto, quero enfatizar que pode haver muito mais fatos a serem pesquisados. Essa lista pode ser diferente para cada moeda em particular, e sua tarefa, como analista, é coletar o máximo possível de fatos sobre uma determinada criptomoeda.

Agora, apresentarei uma estratégia de análise fundamental não sofisticada, que chamo de "negociação usando as notícias". Ela se baseia no lançamento de importantes notícias econômicas, políticas ou outras, às quais a criptomoeda, por via de regra, é muito sensível.

Eu dividiria todas as notícias em planejadas e não planejadas. As notícias planejadas são divulgadas de acordo com o calendário de notícias, enquanto as não planejadas ocorrem espontaneamente, por isso é muito difícil basear seu trabalho nessas notícias. Portanto, se você souber que uma notícia positiva sobre determinada moeda será lançada em um dia específico, faça um pedido para comprá-la. Se a notícia for boa, o preço da sua moeda aumentará e você conseguirá ganhar dinheiro com ela.

De fato, negociar usando notícias não deve ser subestimado. Muitos grandes investidores no mercado de criptomoedas gastam muito dinheiro acessando serviços de notícias para descobrir informações um pouco mais cedo do que outros participantes do mercado.

Você pode ter encontrado uma situação assim: você lê notícias importantes sobre uma moeda, vai à bolsa e vê um movimento muito ativo acontecendo lá por um tempo já. Você se junta a esse movimento colocando seu pedido de compra, mas que azar, o mercado já começa a declinar. O que aconteceu? O fato é que as informações que eram novas para você não eram mais para criadores de mercado ou grandes tubarões do mercado. Eles estavam no começo da onda ascendente do preço das moedas por causa dessas notícias, enquanto você entra quando eles começam a fechar posições. Quem você acha que esses tubarões vendem suas moedas no último momento? Eles os vendem para você. Ou seja, sem saber, você se tornou um desses comerciantes "ordenhados" por grandes jogadores.

PRÓS E CONTRAS DA ANÁLISE FUNDAMENTAL

A primeira coisa que você precisa se lembrar é que a análise fundamental não é uma solução completa. Apesar de poder interromper a análise técnica invertendo a tendência, a análise fundamental deve ser usada junto com a análise técnica.

A análise fundamental é usada para investir e negociar. Cabe ao investimento ainda melhor, pois, com sua ajuda, podemos entender quais moedas devemos adicionar ao nosso portfólio de investimentos e quais devemos remover. Usando análises fundamentais em negociações de curto prazo, podemos entender quais notícias farão as moedas dispararem para cima.

A análise fundamental nos permite ter uma noção geral do mercado de criptomoedas e focar nele.

Melhora a qualidade da sua previsão, mas por si só não é capaz de responder à pergunta principal: comprar ou vender. É uma ferramenta auxiliar. É inestimável ensinar-nos a distinguir entre moedas confiáveis e moedas fraudulentas.

A análise fundamental da criptomoeda é uma ferramenta confiável para fazer previsões de longo prazo. Apesar da diversidade de informações para análise, é difícil perder os fatos mais importantes e significativos. A maioria das informações necessárias para a pesquisa básica é sobre acesso aberto (de indicadores econômicos a indicadores de atividade da comunidade), portanto, a principal matriz de informações está sempre à disposição de um analista. Mas não esqueça que a análise fundamental funciona apenas para previsões de longo prazo, ou seja, não mostra os pontos de entrada ou saída. Para "adivinhação" de curto prazo, você precisa aplicar a análise técnica.

Agora vamos falar sobre as deficiências da análise fundamental.

A necessidade de coletar todas as informações sobre criptomoeda, relatadas em diferentes fontes e em diferentes momentos, é uma das principais desvantagens da análise fundamental. Isso torna a análise fundamental muito limitada para um iniciante. Portanto, na prática, não é tão fácil estabelecer relações de causa e efeito como pode parecer à primeira vista. Por exemplo, espero que você saiba que a EOS é o principal concorrente da Ethereum. Que impacto isso deve ter no Ethereum? Muito ruim, mas, por outro lado, lembramos da regra "O preço leva em conta tudo". Portanto, quando o preço da EOS aumenta, o Ethereum não cai necessariamente.

Mas vamos nos perguntar mais uma pergunta: existem análises que fornecem 100% de previsão do comportamento do mercado de criptomoedas? A resposta a esta pergunta é inequívoca: elas não existem, a menos que você seja Nostradamus, é claro. O mercado de criptomoedas é tão volátil que é impossível prever 100%.

Se você ainda estiver convencido de que faz previsões com uma garantia de 100%, vou provar como suas previsões podem passar de uma garantia de 100% para um fiasco completo. Para fazer isso, listarei alguns fatores que desencadeiam mudanças no mercado de criptomoedas:

- Órgãos reguladores governamentais
- Oferta e demanda no mercado
- Participação da população mundial
- Notícias falsas
- Notícias de "manipuladores"

- Conformidade com o roteiro de projetos de criptomoeda
- Ataques de hackers e riscos relacionados

No entanto, felizmente, todos esses fatores geralmente influenciam o preço da moeda como uma exceção e não como uma regra. Portanto, todas as ferramentas para analisar criptomoedas permanecem relevantes. Cada trader forma seu próprio conjunto pessoal de ferramentas, o que permite fazer a previsão mais precisa possível.

No entanto, isso ocorre por tentativa e erro durante um longo período de trabalho frutífero.

REGULAÇÃO DO MERCADO DE CRIPTOMOEDAS: PRÓS E CONTRAS

O surgimento de órgãos reguladores no mercado de criptomoedas pode afetar seu desenvolvimento fundamental, por isso decidi compartilhar minha opinião sobre esse assunto.

Minha posição sobre esse assunto é muito clara: são necessários os reguladores no mercado de criptomoedas. A regulação de criptomoedas é importante para o desenvolvimento da economia e do setor financeiro. Vamos listar as principais e óbvias razões pelas quais um regulador é bom:

- As manipulações diminuirão
- A introdução de regras e a chegada de participantes profissionais desencadearão um crescimento real do mercado
- anonimato desaparecerá (embora esse fator possa ser positivo e negativo). Até o momento, existem três criptomoedas que fornecem anonimato genuíno: Zcash, Dash e Monero. De fato, eles são incompatíveis com os reguladores, portanto, provavelmente serão os primeiros a sofrer no futuro.

Além da brilhante tarefa dos reguladores de proteger os participantes do mercado das ações ilegais dos fraudadores, eles também podem ter uma tarefa vaga ou incomum para nós: coletar impostos dos participantes do mercado.

Agora, deixe-me destacar meus 4 prós e 4 contras da regulamentação do mercado de criptomoedas.

Prós:

1. Aparência de projetos de tokens dignos
2. crescimento da capitalização bolsista

3. Segurança de fundos
4. aparecimento de trocas oficiais de criptomoedas regulamentadas

Contra:

1. Golpe de tokens individuais, criados para meramente coletar dinheiro ou criar uma pirâmide financeira
2. Primeiros entusiastas de criptomoeda podem deixar o mercado
3. Imposição de uma carga tributária
4. Menor volatilidade do mercado

Falando em favor dos reguladores, também quero lembrá-lo de que nenhum mercado financeiro atraiu trilhões de dólares até que a regulamentação aparecesse. Além disso, a regulamentação do mercado de criptomoedas é uma maneira de capitalizar até US $20 trilhões ou mais. Suponho que isso não aconteça devido ao aumento da subida do Bitcoin, mas graças ao surgimento de novos tipos de criptomoedas.

A propósito, o crescimento e o desenvolvimento do mercado de criptomoedas ocorrerão não apenas devido à introdução de regras, mas também devido ao início da chamada "securitização". O que é? Significa a atração de financiamento para o mercado através da criação de novas ferramentas fornecidas com criptomoeda. Em outras palavras, um número ilimitado de derivativos aparecerá no mercado.

Até o momento, testemunhamos os primeiros exemplos de securitização:

- Contratos futuros
- Contratos de opção
- Instrumentos CFD (Contrato por diferença) - um acordo feito em contrato futuro pelo qual as diferenças em uma liquidação são feitas através de pagamentos em dinheiro.

O tempo dirá se os órgãos reguladores aparecerão no mercado de criptomoedas ou não. Mas não esqueça que a própria criptomoeda é apenas uma segurança. Os reguladores criam regras em torno dele, enquanto os manipuladores espalham o pânico e provocam a queda do mercado.

Agora precisamos prestar atenção não aos futuros reguladores, mas às organizações que já cumprem suas funções até certo ponto:

- SEC - Comissão de Valores Mobiliários dos Estados Unidos (esta organização pode ditar estritamente suas regras no mercado no futuro)
- JFSA - regulador financeiro do Japão
- Fed - Banco Central dos Estados Unidos
- NBK - Banco Popular da China;

- BCE - Banco Central da UE.

Lição de Casa

1) Faça uma análise fundamental do mercado de criptomoedas no mês passado. Encontre as notícias mais importantes que influenciaram a dinâmica geral do mercado

2) Identifique as notícias falsas que se tornaram uma ferramenta para manipular o mercado de criptomoedas.

Capítulo 16. Gerenciamento de Risco e Dinheiro

Todos podemos admitir que qualquer investimento em nossa vida está repleto de riscos, e quanto maior o lucro esperado, maior o risco. Nós sempre tememos que o dinheiro investido possa não render ou render parcialmente, sem gerar lucro substancial.

Também é impossível negociar em uma bolsa de criptomoedas sem risco. Se você deseja se tornar um profissional bem-sucedido, precisa conhecer não apenas os princípios básicos da análise técnica e fundamental, mas também os do gerenciamento de riscos e capital. Portanto, vamos entender por que surgem riscos elevados e como minimizá-los.

Antes de abrir uma posição, você sempre precisa lembrar que o lucro é proporcional ao risco. Tudo depende das táticas do seu comércio. Alguns tendem a negociar a longo prazo, enquanto outros preferem negociar de forma mais agressiva durante o dia. De qualquer forma, o risco não deve exceder 10% do capital mensal para operações agressivas e 5% para operações de longo prazo.

Meu conselho pode ser expresso matematicamente:

$P = k1 * R$, onde P é lucro, $k1$ é um coeficiente de experiência do profissional (quanto mais profissional o profissional é, maior é o coeficiente) e R é um risco.

FATORES QUE AUMENTAM SEUS RISCOS COMERCIAIS

Agora, vamos buscar alguns fatores que podem aumentar seus riscos comerciais.

Uma das razões pelas quais a maioria dos traders perde seu dinheiro **é o fato de se importar mais com um ponto de entrada e pensar em deixar a posição no último segundo.** É estranho, pois é o ponto de saída certo que determina nossa receita ou perda. Muitas vezes, a maioria dos nossos pontos de entrada se enquadra na zona de rentabilidade, mas ainda perdemos dinheiro devido à falta de estratégia de saída correta. Isso acontece por duas razões: permanecemos em uma posição por muito tempo, aguardando um aumento ainda maior no lucro e, como resultado, o preço reverte. Ou fechamos rápido demais, com medo de perder os pequenos lucros que obtivemos.

Como evitar esse risco? Você deve planejar um ponto de saída antes de abrir uma posição.

A ausência de uma estratégia de negociação. Os recém-chegados costumam cometer esse erro, pois não entendem que negociar no mercado de criptomoedas sem um plano de negociação claro é igual a suicídio. Os comerciantes profissionais, pelo contrário, adotam uma abordagem muito equilibrada para a elaboração de uma estratégia de negociação, que ao mesmo tempo deve ser flexível o suficiente para se adaptar a determinadas situações do mercado. Um fator importante nessa estratégia é sua implementação clara. Se você não seguir sua estratégia, qual é a utilidade dela?

Já discutimos estratégias de negociação e você pode encontrar mais informações sobre como acompanhar todas as suas transações na seção Diário do trader. Além de notas sobre pontos de entrada e saída e outros dados técnicos, você pode deixar em um diário suas notas "psicoemocionais" que o ajudarão a negociar com sucesso.

De fato, a estratégia de negociação também ajuda um profissional a aliviar o estresse emocional. Você não terá dúvidas ou preocupações ao tomar uma decisão de negociação específica, pois o algoritmo completo de ações será explicado em sua estratégia, que você deve seguir.

Outro risco é **pensar errado.** Eu também chamo esse risco de "Expectativas infladas". Alguns traders chegam ao mercado de criptomoedas com uma convicção clara de que podem ganhar dinheiro aqui rapidamente e sem nenhuma compreensão específica do mercado. Mas depois, devido a decisões erradas, essas pessoas começam a perder seu capital. Para não repetir o erro, você não deve entrar no mercado sem ter estudado suas peculiaridades. Sem o conhecimento necessário de análises técnicas e fundamentais, seu risco de perder seu capital aumenta muito. No entanto, na minha opinião, o fato de você estar segurando este livro em suas mãos já diz que você tem uma abordagem sólida para estudar o mercado.

Um dos piores traços de caráter que eleva seus riscos ao alto são suas **emoções.** É impossível desativá-los completamente, mas você ainda precisa aprender a gerenciá-los. O pânico e o medo, que às vezes podem dominá-lo, levarão à devastação do portfólio de investimentos. Seu comércio deve ser guiado por sua lógica, não por emoções. Falaremos sobre a psicologia da negociação em mais detalhes no final do livro.

Escolha incorreta de moedas negociadas ou trocas de criptomoedas. Muitos comerciantes não se preocupam em prestar atenção suficiente para encontrar boas moedas e boas trocas. Por exemplo, alguns traders trabalham em bolsas com taxas muito altas, sem pensar que será mais eficiente registrar-se em uma das principais bolsas. Além disso, trabalhando em uma bolsa de valores pouco conhecida, você corre o risco de se juntar às fileiras de não-empreendedores que perdem todo o seu dinheiro por causa dos truques fraudulentos dos desenvolvedores da bolsa. Examine todas as nuances da sua bolsa de valores antes de depositar dinheiro em sua conta de negociação. Você deve ser muito escrupuloso ao escolher uma troca.

Portanto, corrija todas as nuances e comece a avançar em direção ao sucesso antes que seu dinheiro desapareça no "bolso" sem fundo da bolsa.

GERENCIAMENTO DE DINHEIRO

Um comerciante profissional deve não apenas ser capaz de analisar o mercado e minimizar riscos, mas também gerenciar seu capital de uma maneira que os lucros sempre excedam as perdas. O gerenciamento de capital inclui vários fatores importantes: formação inteligente da carteira de investimentos, estimativa dos investimentos em uma moeda, proporção correta entre risco e lucro, etc. Portanto, se você acha que escolher a estratégia de negociação correta é muito mais importante que a capacidade de gerenciar seu capital corretamente, você está em um caminho falso. Se você deseja permanecer no mundo comercial por muito tempo, deve dominar o gerenciamento de capital.

Portanto, a pedra angular da gestão do dinheiro é a capacidade de proteger o capital disponível, não de aumentar o lucro. Vamos agora discutir várias técnicas para gerenciamento eficiente de capital.

Determinar o risco ideal para uma posição

Grosso modo, você deve decidir quanto dinheiro está disposto a sacrificar nesta ou naquela transação. Mas como eu disse anteriormente, não recomendo ter um risco superior a 10% em uma negociação. Embora, às vezes, o mercado se desenvolva dessa maneira, você terá que mostrar flexibilidade e alterar esse valor. Na maioria dos casos, permaneça fiel a essa regra.

Diversificar

A diversificação não é apenas um método de gerenciamento de capital; é também um método de proteção do capital. Esta regra funciona com o princípio "Não coloque todos os seus ovos em uma cesta". Seu portfólio de investimentos não deve conter apenas Bitcoin ou apenas Ethereum. É melhor distribuir o capital entre várias moedas. Essa abordagem permitirá que você fique à tona e continue a ganhar dinheiro, mesmo que uma de suas moedas fracasse.

Embora não exista uma resposta única para a questão da extensão correta da diversificação de capital, darei conselhos com base em minha experiência pessoal: não invista mais de 30% do seu capital em uma moeda. Essa regra permitirá que você se proteja de investimentos excessivos em uma moeda e verifique se as possíveis perdas de uma transação com falha não o arruinam, mas são compensadas pelos lucros de outras pessoas.

Use ordens de parada de proteção

Usando uma ordem de parada, você protege seu capital contra movimentos de preços indesejados. Em outras palavras, essa técnica implica uma previsão clara de quanto tempo você está pronto para permanecer em uma posição não lucrativa. No entanto, não é tão fácil, porque a indicação do nível em que a ordem de parada deve ser feita é uma arte real. Quanto mais volátil é o mercado, mais distante do nível atual de preços você deve fazer um pedido de stop loss. Ao mesmo tempo, você deve manter um certo equilíbrio, porque se você colocar uma ordem de parada muito próxima ao nível de preços, querendo minimizar as perdas quase até zero, sua posição poderá ser eliminada em meio a flutuações de preços de curto prazo (nesse caso você precisa aumentar a porcentagem da ordem de parada e, consequentemente, a do lucro). Se você fizer uma ordem de parada em torno de 8%, isso significa que seu lucro deve ser de 30 a 40%.

Por outro lado, se você fizer uma ordem de parada muito longe do preço atual, corre o risco de perder muito. Portanto, a arte de negociar reside na capacidade de encontrar a "média de ouro".

Vale ressaltar que também existem no mercado as chamadas paradas finais. Este limitador segue o preço a uma distância especificada. Também é chamado de **"parada deslizante" (trailing stop).** Como não é fixo em um determinado nível, ele se move primeiro para a zona de equilíbrio e depois para a zona de lucro.

Vamos explicar com mais detalhes como funciona o trailing stop. Suponha que você abriu uma posição no par de criptomoedas BTC / USDT. Você entende que, se o preço reverter 30 pontos, será necessário fechar a posição. É nesse nível que você define o ponto final. Se o preço começar a subir mais de 30 pontos, sua parada móvel seguirá o preço à distância que você especificar. Portanto, se a parada final entrar na zona de rentabilidade e o preço reverter, você ainda fechará sua posição no lucro.

A desvantagem desse tipo de ordem de stop loss é que flutuações aleatórias do mercado podem derrubá-lo se ele for colocado a uma curta distância do preço. Ao mesmo tempo, não esqueça que ele começa a funcionar somente quando o preço atinge um valor de lucro predeterminado e até então sua posição permanece sem parar. É por isso que eu recomendo colocar o stop loss primeiro. Você pode fazer isso no mesmo nível que o trailing stop. A propósito, às vezes a determinação do nível para definir um stop loss pode proibir a abertura de uma posição. Por exemplo, durante a análise, você pode entender que um stop loss estará tão distante do ponto de entrada que, no caso de uma negociação bem-sucedida, seu lucro será muito menor, enquanto que, no caso de uma mal sucedida, a perda será muito alta. . Nesse caso, é melhor abandonar a transação.

Devo também admitir que muitos traders não usam ordens de stop loss em suas negociações, mas sua posição não é correta em termos de negociação clássica, como no caso de um saque de uma moeda na qual você não deseja corrigir uma perda. , você passa de um profissional para um investidor de longo prazo. É melhor corrigir uma pequena perda do que esperar até que seu ativo suba da parte inferior do levantamento, pois o levantamento pode durar muito.

No entanto, cabe a você decidir se deve ou não fazer uma ordem de parada. Se for mais confortável negociar sem ele, faça-o, mas não se esqueça de controlar suas perdas de outra maneira.

Acompanhe notícias econômicas importantes

É melhor que todas as suas posições sejam fechadas, ou seja, você esteja fora do mercado no momento do lançamento de notícias importantes. O preço pode frequentemente responder às notícias de uma maneira imprevisível no mercado de criptomoedas "selvagem". Para evitar situações imprevistas, acompanhe o calendário de eventos econômicos planejados, cujo resultado não é conhecido antecipadamente.

Relação lucro / perda

Segundo algumas estatísticas, 40% das transações dos traders são rentáveis. Você se perguntará: como eles ganham dinheiro se mais da metade de suas transações não são lucrativas? E aqui chegamos ao problema da relação lucro / prejuízo.

Assim, devemos determinar a taxa de lucro de cada transação, que deve ser equilibrada com possíveis perdas se o mercado se mover em uma direção indesejável. Geralmente, essa proporção deve ser de 3: 1, ou seja, o lucro potencial deve ser pelo menos três vezes maior que a perda potencial. Caso contrário, você deve desistir do acordo. Por exemplo, se o risco for de 10%, o lucro deverá atingir pelo menos 30%.

Negocie, usando várias estratégias para uma moeda

Nós tocamos repetidamente no tópico que às vezes os comerciantes perdem seu capital devido ao fato de fecharem uma posição muito cedo, temendo não ter tempo para obter lucro antes da reversão do preço. Como você deve agir nesse caso? Minha resposta é que você pode tentar negociar, usando duas estratégias diferentes para uma moeda. Abrir diversas posições é uma estratégia em que todos ganham, uma vez que negociar simultaneamente em duas posições pode aumentar suas chances de obter lucro.

Por exemplo, há uma tendência ascendente no mercado. Você abre duas posições: você deixa a primeira após o primeiro sinal de uma possível reversão de preço, mantendo a segunda aberta até o ponto do lucro esperado.

Quem negocia agressivamente obtém um grande lucro, mas isso continuará apenas enquanto o mercado se mover na direção desejada. Um comerciante conservador não ganha muito dinheiro, mas também não cai muito baixo.

Lembre-se de que quanto maior o crescimento de um preço da moeda em um curto período de tempo, menor a porcentagem de capital que você deve investir em um negócio. Afinal, isso indica que uma moeda está "esquentando" e a reversão de preço já está fechada. E a situação oposta: quanto mais uma moeda cai, mais você precisa encontrar os pontos de entrada certos para ela. Mas não esqueça que estamos falando apenas das principais moedas. Eu não considero as shitcoins.

Como superar o rebaixamento

Dado o fato de uma tendência de baixa muito dinâmica e prolongada ter começado no mercado de criptomoedas em 2018, muitos traders se viram em uma situação não muito agradável chamada de rebaixamento (Drawdown). O que é rebaixamento e como você lida com isso?

Drawdown é o valor pelo qual seu depósito comercial diminui. Às vezes, a magnitude do levantamento pode até atingir o valor do próprio depósito. Essa magnitude deve ser medida como uma porcentagem do tamanho da sua carteira de investimentos, porque não importa o valor em USD ou EUR, é importante que porcentagem do seu depósito "chegou ao fundo". Você deve concordar que existe uma diferença no levantamento de US $ 5.000 com um depósito de

US $10.000 e o mesmo levantamento de US $5.000 com um depósito de US $100.000.

Por que os traders que entraram em um drawdown são chamados de investidores de longo prazo? Porque suas posições em uma determinada moeda permanecem abertas. Portanto, suas transações estão em um estado flutuante e podem diminuir e aumentar.

Mas também há um rebaixamento fixo quando um trader fechou todas as posições perdedoras no vermelho.

Como superar os dois tipos de rebaixamento? Existem duas maneiras: administração de dinheiro habilidosa sob as posições existentes e abertura de novas.

O mais difícil é superar um rebaixamento fixo, já que sua perda é visível não apenas no monitor do computador, você a sente no bolso, nos números reais do portfólio de investimentos. Existem duas maneiras de resolver o problema: agressivo e conservador. **O agressivo significa** que você deve abrir uma posição em volume duplo. Ou seja, você abre uma nova posição em volume duplo por cada posição não lucrativa. Se for rentável, você terá o mesmo resultado; mas se não for rentável, você cairá ainda mais.

Aqueles que consideram arriscada uma abordagem agressiva podem usar uma opção mais relaxada: **calcular a média de uma posição**. Para superar o rebaixamento, você precisa criar uma posição não lucrativa. Você pode dizer que isso desafia o bom senso, mas, em qualquer caso, ajuda a lidar com o saque, já que você calcula a média de um preço da moeda pelo qual abriu uma posição deficitária, tornando-a mais lucrativa.

Vou citar um exemplo. Suponha que você comprou 1 000 Litecoins por US $100 por uma moeda. No entanto, sua previsão positiva não funcionou e o preço começou a cair e parou em cerca de US $70. Você precisa comprar outras 1 000 moedas a um novo preço de US $70. Assim, você terá 2 000 moedas ao preço de US $85 por uma moeda (100 + 70) / 2 = 85). Se o preço desta moeda subir novamente, você terá muitas moedas a um preço de compra lucrativo.

Em uma palavra, você não pode negociar sem riscos, o que significa erros. Quem não comete erros não faz nada (ou é ilusório)? Estou certo de que não há comerciante neste mundo que não tenha experimentado riscos e não tenha cometido erros. Erros nos são dados para aprendermos com eles. Este livro também foi criado, entre outras coisas, para mostrar onde todos os "ancinhos" estão ocultos e ensinar a evitá-los ou, pelo menos, minimizar o número de inchaços na testa.

Capítulo 17. Diário do profissional

Adisciplina não é menos importante para um profissional bem-sucedido do que análises técnicas e fundamentais, estratégia de negociação ou gerenciamento de riscos. Os comerciantes geralmente perdem seu capital porque não sabem como controlar suas próprias emoções. É a emoção que pode arruinar seus negócios. É difícil aprender a controlá-los, especialmente quando você percebe que sua previsão não atingirá a meta e o preço vai na direção oposta. Nesse ponto, é mais provável que você tome decisões impulsivas.

No entanto, há luz no fim do túnel. O diário de um profissional ajuda você a se manter disciplinado e a não sucumbir às suas emoções. É um atributo essencial de um profissional bem-sucedido. Você deve anotar todas as informações sobre posições em aberto neste diário. Dessa forma, você poderá analisar a experiência adquirida e tirar as conclusões necessárias.

Alguns traders subestimam a necessidade de manter um diário, alegando que mantêm todas as informações sobre negócios em suas cabeças. No entanto, essa postura é o primeiro passo para perdas. Um diário ajuda a analisar todas as transações e, portanto, ajuda a aprender com seus erros. Os comerciantes que não analisam e não aprendem com seus erros os repetirão no futuro.

O diário de um profissional pode ajudar a analisar cada posição, os motivos de sua abertura, etc. Ao mesmo tempo, graças ao diário, você estará protegido contra decisões espontâneas, pois, pode olhar para o diário e lembrar por que abriu esta ou aquela posição. e quando deve ser fechado.

Não existe um padrão ou modelo definido para o diário de um profissional. Você pode mantê-lo de qualquer forma conveniente para você. O principal é que ele deve conter as informações sobre todas as suas posições. Anote notas sobre cada posição: qual foi um sinal para sua abertura, o preço de entrada e a saída prevista. Ao mesmo tempo, durante cada transação, descreva seus sentimentos, suposições e outras notas que conterão avaliações emocionais, não números. Posteriormente, todos esses registros ajudarão a lembrar a sequência de ações de uma transação bem-sucedida que você deseja repetir, bem como o algoritmo de uma negociação com perdas, que deve ser evitada.

Embora não exista um modelo claro de diário do profissional, como eu disse anteriormente, posso mostrar meu exemplo desse log de transações. Se achar útil, você pode usá-lo para sua negociação.

Link no diário - http://bit.ly/alans-trade-diary

Vamos imaginar que fazemos o primeiro acordo e começamos a manter o diário desse profissional. Por exemplo, você abre um gráfico Bitcoin e percebe um movimento de preço ascendente confiante. Escrevemos isso na primeira célula da tabela. Em seguida, indicamos a força do movimento do preço da moeda. Na próxima célula denominada "Comentário", descrevemos nossas ações, por exemplo, "Compre apenas" ou "Procure por pontos de lucro". Em seguida, descrevemos a direção e a força dos osciladores. Em seguida, inserimos todos os dados da análise técnica: castiçais japoneses, níveis de resistência e suporte, linhas de Fibonacci. Em seguida, vá para as notícias. Se você conhece algumas notícias sobre a moeda adquirida — escreva-a na tabela. Finalmente, deixamos um comentário sobre as notícias e, é claro, o resultado é se devemos comprar ou vender a moeda.

De acordo com esse princípio, você anota todos os dados em cada período: semana, dia, 4 horas e 1 hora.

E há outra tabela na qual dou um exemplo de como inserir os dados nas moedas compradas. Está no mesmo arquivo abaixo da primeira tabela.

Se manter uma mesa não é uma versão do diário que combina com você, você pode pegar um caderno comum para anotar todas as informações sobre seus negócios: pontos de entrada e saída, comentários sobre eles e conclusões (por que você obtém um resultado específico).

Não importa o que você use — mesa ou notebook — deixe muitos comentários sobre cada negócio. Por que isso é importante? Primeiro, ao descrever suas ações, você encontrará mais respostas para várias perguntas. Segundo, você pode visualizar e analisar uma sequência específica de ações que levaram a uma decisão certa ou errada.

Em geral, o diário de um comerciante o ajudará não apenas a acompanhar os negócios, mas também a ver seus próprios pontos fracos e a reforçar os fortes. Um diário ajudará você a descobrir se sua estratégia de negociação funciona bem ou não.

COMO ORGANIZAR SEU DIA DE TRABALHO

Para alcançar o melhor desempenho, um profissional precisa organizar seu dia de trabalho corretamente. A organização inadequada do horário de trabalho pode acarretar perdas nas transações. Portanto, vamos aprender como organizar seu fluxo de trabalho corretamente.

Como as trocas de criptomoedas funcionam 24 horas, você pode escolher qualquer momento conveniente para verificar suas posições em aberto. Às vezes, apenas um item de notícia pode afetar o movimento do preço da moeda; portanto, você deve verificar a situação do mercado, especialmente suas transações, todos os dias. Depois disso, recomendo dedicar 1-2 horas ao estudo de moedas que possam ser interessantes para o comércio. Alguns usam a análise técnica para tais propósitos, outros recorrem à análise fundamental, mas, independentemente do caminho escolhido, o resultado deve ser o mesmo: abertura de posições interessantes. Além disso, recomendo fazer anotações sobre quais pontos você deve prestar atenção no dia seguinte.

No entanto, não aconselho que você siga os gráficos com muita frequência. Não há necessidade de ir ao Tradingview a cada hora e verificar a previsão. Esse monitoramento convulsivo e nervoso do preço pode levar a erros e, além disso, o desgastará rapidamente. Não transforme seu negócio aberto em uma mania de rastreamento de preços. Para evitar essa situação, tente escolher prazos grandes (4H ou 1D). Em tais intervalos de tempo, sua previsão precisará de mais tempo para atingir a meta.

Cabe a você decidir quantas horas por dia você dedicará à negociação. Se você preferir escalpelamento, precisará de muito tempo para negociar (embora possa reduzir esse tempo usando a negociação algorítmica), mas se não se dedicar completamente a essa profissão - não há problema, você pode negociar sem mais de 2 horas por dia. Você pode resolver todos os principais problemas comerciais em algumas horas e aproveitar a vida o resto do tempo.

É por isso que a organização correta e simples de um dia de trabalho pode economizar tempo e ajudar a evitar decisões emocionais e perdas financeiras indesejáveis.

Capítulo 18. Psicologia da negociação

Todos nós entendemos que as emoções são parte integrante de uma pessoa. É claro que não podemos pausá-los durante uma situação inesperada no mercado de criptomoedas, mas podemos aprender a controlá-los. Pelo menos, vale a pena tentar porque as emoções são um componente garantido de sua falha no comércio de criptomoedas. Seu estado psicológico no momento da negociação pode afetar sua conta. Você precisa conhecer o inimigo à vista, para poder identificar emoções desnecessárias e cortá-las pela raiz, porque mais tarde será difícil manter a cabeça calma durante uma reversão imprevista de preços.

Aceite que você não pode controlar o comportamento do mercado, mas pode aprender a controlar sua atitude em relação a ele, suas emoções.

Negociar, como qualquer outra profissão, requer um conjunto de certas qualidades psicológicas de você. Essas qualidades não precisam ser inatas, você pode adotá-las.

Então, quais qualidades o profissional deve ter para ter sucesso?

O primeiro e mais importante é o intelecto. O **QI** de um profissional de sucesso não pode estar abaixo da média. Muitas ferramentas sofisticadas para simplificação da negociação poderiam ser inventadas, por exemplo, robôs de negociação. No entanto, é impossível negociar sem suas próprias habilidades mentais. Mesmo os robôs comerciais mais avançados não sabem como se adaptar de forma independente a uma determinada situação do mercado.

Ao mesmo tempo, **um comerciante deve ter uma mentalidade analítica**, pois a negociação não se trata de transações de "compra e venda" - trata-se da análise de como e quando uma transação específica deve ser realizada.

A autodisciplina é outra característica importante de um profissional de sucesso, que já discutimos. Você obterá um resultado lucrativo estável apenas se seguir sua estratégia de negociação e não tomar decisões comerciais impulsivas.

Finalidade e paciência. Um profissional bem-sucedido trata as falhas de curto prazo não como uma punição do Senhor, mas como um estágio temporário no caminho para o sucesso. A paciência ajuda a aumentar seu capital lenta mas firmemente.

PODER DO PENSAMENTO E AFIRMAÇÕES

Quão poderosos são nossos pensamentos? Existe a possibilidade de transformação absoluta de pensamentos em eventos reais? Eu estou certo disso! É claro que os céticos dirão que não faz sentido e que nossos pensamentos são apenas um vôo de imaginação. No entanto, acredito que qualquer pensamento projete nosso presente e futuro. Pensamentos não são o resultado de eventos, mas a primeira ferramenta para criar esses eventos. Os pensamentos voam para o espaço de opções, mas apoiados pela força de nossa fé (ou até medo) retornam com o resultado que esperamos e não necessariamente com o que queremos. Então, você tem medo de algo = esperar e receber; Vá com confiança ao objetivo e tenha forte fé = queira e receba. A fé não é apenas uma flutuação do ar, é a energia. Você não pode ver ou ouvir, mas funciona!

A Bíblia diz que, se tivermos fé pelo menos do tamanho de uma semente de mostarda e dissermos a uma montanha: "Mova-se daqui para lá", ela se moverá. Um dos meus autores favoritos também escreve "A fantasia não existe como tal. Qualquer ficção já é uma realidade" e também "Seus pensamentos sempre voltam para você como um bumerangue".

Nós conseguimos o que escolhemos! Nossa liberdade está em nossa liberdade de escolha. E fazemos essa escolha em nossos pensamentos ...

Portanto, por mais estranho que pareça, acredito que as pessoas possam controlar sua realidade. Um pensamento confiante sobre como obter o resultado desejado aproxima seu objetivo e vice-versa — o pensamento com dúvida o afasta. O universo percebe a dúvida como uma negação. Se você duvida, grita para o Universo: "Não terei sucesso!" A resposta é quase imediata: você não consegue nada.

Você pode perguntar por que eu deixei você entrar nas salas secretas da minha visão de mundo e o que isso tem nas negociações. Tem uma relação direta! Um comerciante que acredita em um resultado positivo pode ser bem-sucedido. Desde o momento em que você abre uma posição até o momento em que obtém lucro, você não deve ser ambivalente quanto à sua escolha, pensando que sua previsão pode ser desperdiçada e você derrubará todo o seu depósito.

Apenas pense em quais pensamentos você envia ao espaço enquanto abre uma posição. Se você colocar mais dúvidas do que acreditar em seus negócios, maior a probabilidade de obter um resultado ruim.

Como se tornar mais confiante para abrir uma posição com os pensamentos certos? Existem muitas opções, mas se estamos falando de psicologia, uma delas é o treinamento autogênico. Parece difícil, mas é fácil de usar. O melhor exemplo desse treinamento é uma garota que fica de manhã em frente ao espelho e repete como um feitiço: "Eu sou linda e feliz!"

É um tipo de treinamento psicológico. Se isso provoca ceticismo ou até risos, saiba que muitos atletas costumam usar esse treinamento na preparação para as competições. Este método aumenta sua confiança na vitória. A essência do treinamento é a repetição de certas afirmações. Você declara o resultado desejado não no tempo futuro, mas no presente como se já o tivesse conquistado. Se você está lutando com a timidez, não deve repetir "Quero ter confiança", mas a afirmação "Tenho certeza". Assim, você engana sua mente, deixando-a acreditar que seu desejo é um fato consumado.

Por que um profissional precisa de treinamento automático?

A maioria dos novatos comete os maiores erros na negociação por causa do medo. É o medo de perder capital. E o paradoxo é que, quanto menos dinheiro você tem, mais medo você tem. Você pode dizer não ao medo, inclusive com a ajuda do treinamento autogênico. Tente convencer sua mente de que você não tem nada a temer. Sua afirmação pode soar "Eu faço negócios lucrativos" ou escolher por si mesmo qualquer declaração.

Quero avisar que não o encorajo a negociar com base apenas nos pensamentos corretos, na fé inabalável e nas afirmações psicológicas. Cada um de vocês deve entender que primeiro vem o conhecimento teórico (análise técnica, análise fundamental) e, em seguida, tudo é suportado pela maneira correta de pensar. Negociar é um negócio sério que requer profundo conhecimento e experiência, e não apenas esperanças de boa sorte.

Conclusão

Caro leitor, Eu não sou um daqueles escritores que descreve seu conteúdo sem se preocupar se ele ficará na mente de seus leitores e se eles serão capazes de tirar proveito dele. Ao mesmo tempo, entendo que todos vocês são diferentes. Alguns acharão este livro uma ciência complicada sobre o fenômeno incompreensível chamado "comércio". Também é possível que algumas pessoas já tenham certa experiência nesse campo, portanto, o livro não seja útil para elas. De qualquer forma, tenho grandes esperanças de que cada um de vocês possa obter informações úteis, pois, meu livro não é apenas teoria da análise técnica ou fundamental, gerenciamento de capital e risco, mas também inclui meus argumentos, minha experiência e meus gráficos pessoais. Que falam melhor do que qualquer palavra!

Ao mesmo tempo, desejo fornecer as instruções finais sobre o caminho para suas transações bem-sucedidas (e acredito que você terá mais do que suficiente).

Primeiro de tudo, não esqueça que **o comércio de criptomoedas está cheio de paradoxos.** A curva da pesquisa aqui não é linear, mas, pelo contrário, é um labirinto onde você pode se perder. Devido ao fato de o mercado de criptomoedas ser jovem, selvagem e imprevisível, não há abordagens e estratégias de negociação idênticas. Portanto, você, como este mercado, deve ser um pouco fora do padrão em seu pensamento, flexível e capaz de se adaptar a todas as situações do mercado.

Apesar do fato de que, graças ao meu livro, você adquiriu uma grande quantidade de conhecimento para entender o comércio de criptomoedas, não esqueça que esse "ofício" não pode ser dominado por meio de livros. Negociar não é sobre teoria, é sobre prática. Para obter um bom resultado, leia a literatura comercial adicional, mas o mais importante, faça seus primeiros negócios em paralelo com o treinamento. Comece com uma quantidade mínima. Não trará um grande lucro, mas proporcionará a experiência necessária para avançar na direção certa.

Compreendendo a importância da prática, incluí o dever de casa em meu livro. Se você fez a lição de casa após cada seção do livro, teve que se livrar do medo da tabela de preços "vazia" e agora sabe o que fazer com ela.

A experiência é importante no comércio, como em muitas outras áreas. Mas o que você deve fazer se for um novato absoluto nesse campo? Se você tem medo de fazer negócios, se não tem certeza sobre suas previsões e tem medo de sua carteira de investimentos, os próximos parágrafos são para você. Sim, amigos, sempre há uma saída. Dessa forma, é chamada de conta demo.

Uma conta demo serve como passe para a maioria dos novatos, dando-lhes o direito de começar a negociar sem gastar dinheiro real. Alguns traders decidem abrir transações reais na bolsa depois de atingirem um lucro estável em uma conta demo. Essa é uma estratégia vencedora.

Muitos iniciantes correm direto para as negociações do fundo do poço. Assim que se acostumam à interface da plataforma Tradingview e a algum tipo de troca, eles abrem contas reais e tentam negociar. Geralmente, o resultado de tais tentativas não são bem-sucedido. Muitos perdem o interesse em negociar nesta fase, estão frustrados e vão para outras áreas de atividade, dizendo a todos "a criptomoeda é uma farsa".

Mas como poderia ser de outra forma, se ontem esse novato não tinha idéia do que era a análise técnica e hoje ele está tentando se convencer de que um padrão triangular aparece no gráfico? É por isso que recomendo que todos os novatos passem por uma espécie de "exame" em uma conta demo antes de começar a negociar em contas reais (especialmente durante um mercado imprevisível e em queda). Um recém-chegado deve alcançar resultados de negociação positivos estáveis em uma conta demo por pelo menos um mês (se estivermos falando de negociação intradiária ou de médio prazo). Para estratégias de longo prazo, levará ainda mais tempo para se preparar. Garanto que esse tempo não será desperdiçado, porque você também pode testar sua estratégia de negociação em tempo real durante esse período.

Vou lhe contar minha história pessoal. Quando minha esposa (jornalista treinada) começou a dominar as negociações, a compreensão da teoria era muito mais fácil para ela do que pressionar um botão na bolsa. Ela estava criando previsões na plataforma Tradingview por um longo tempo, mas não se atreveu a fazer seu primeiro pedido. Eu queria apoiá-la, mas, ao mesmo tempo, entendi que não deveria pressioná-la. Tudo deve seguir seu curso. Portanto, recomendo abrir o primeiro negócio dela em uma conta demo. A negociação em uma conta de demonstração virtual a ajudou a obter a experiência inicial necessária, a garantir que suas previsões estavam corretas e a dar confiança quando ela fez seu primeiro pedido real em uma troca de criptomoedas.

Tenho certeza de que uma idéia surgiu em sua mente: esse exemplo não é racional, pois, o marido dela — um comerciante profissional qualificado — estava ao lado dessa mulher. Sim, concordo, é muito mais fácil passar por todas as etapas dos estudos de negociação com um bom professor próximo. No entanto, eu, como boa professora, nunca derrubei meu sistema de negociação pessoal na cabeça de minha esposa, porque sei que é inútil. Minha tarefa era simples: salvá-la de cometer grandes erros e compartilhar minha vasta experiência com ela. No entanto, fiz o mesmo por você no meu livro. Depois de ler e ouvir sobre a minha experiência, você deve passar por todas as etapas de negociação por conta própria, desenvolver sua compreensão do mercado, porque você aumentará ou perderá seu capital, não o meu.

A princípio, pode parecer que tudo é simples. Mas você sabe o que? Não é assim que funciona. Tudo é muito mais difícil e fácil ao mesmo tempo. Aí vem o rolo da bateria: não há segredo pronto para o sucesso nas negociações. Que azar, amigos: existem muitas armadilhas no comércio, mas nenhuma receita pronta para o sucesso :) Mas você pode tentar criar sua própria receita.

Existe uma arte de um profissional: obter a porcentagem no preto, aumentando o valor esperado positivo de suas transações. Somente uma mente clara e sóbria levará um operador de criptomoeda ao sucesso. A capacidade de ver profissionais, onde outros vêem contras. A capacidade de ganhar sempre que um profissional estiver satisfeito com a relação lucro / risco. Mas nunca esqueça uma regra financeira: **o mundo do dinheiro não tolera bobagens.**

Se você ficou feliz por ter entendido o básico da análise técnica e se preparado para negociar apenas com a ajuda de gráficos, está enganado. Negociar apenas com análise técnica é como correr em uma perna.

De modo algum, exorto você a não olhar para os gráficos. Ao mesmo tempo, peço que não se esqueça da necessidade de analisar a profundidade do mercado, estudar a psicologia da multidão e a psicologia dos grandes jogadores. Se, por exemplo, você vir o padrão Triângulo no gráfico de preços, responda às seguintes perguntas antes de iniciar uma negociação: o que a multidão quer agora e o que o grande jogador deseja. Continue fazendo a análise técnica em combinação com as respostas a essas perguntas.

Se a sua moeda mostra um rebaixamento de 10%, 20% ou 30%, você deve vender rapidamente ou não? Talvez alguém esteja tentando intimidá-lo? Talvez, os grandes jogadores ganhem posição graças a alarmistas como você? Tente não olhar para o mercado como se através de uma janela estreita. Levante-se da sua cadeira e observe o mercado de cima. Se os grandes jogadores diminuíram o preço tão baixo e compraram 50%

de moedas no mercado, faz sentido baixar o preço ainda mais 50%? Acredito que não.

Durante a análise técnica, siga as seguintes regras na mesma sequência:

- Identifique níveis e linhas significativos para obter as zonas, perto das quais o preço "se moverá" e onde você, consequentemente, buscará sinais
- Procure por padrões de velas
- Escolha apenas sinais de alta qualidade. Às vezes, é necessário aguardar um castiçal de confirmação para entender se um sinal é de alta qualidade ou não.
- Siga os padrões gráficos: observe o gráfico de lados diferentes e tenha cuidado: talvez você não tenha notado algo, adicione indicadores e osciladores, detecte divergências
- Identificar pontos de entrada e saída
- E só então fazer pedidos pendentes

Lembre-se de que existem três opções para desenvolvimentos no mercado:

- Comprar (Buy)
- Vender (Sell)
- Fazer nada (Do nothing)

Se você não entender o que deve fazer em uma situação específica (especialmente durante um levantamento), aguarde. É melhor não ganhar dinheiro do que perder suas moedas para o prazer dos grandes jogadores. Portanto, não fazer nada nem sempre é a pior opção. É melhor não fazer nada do que cometer muitos erros.

Portanto, antes de fazer um acordo, pense com cuidado e não faça um pedido se não tiver certeza de um ponto de entrada. Se um sinal que você recebeu no processo de análise técnica não for qualitativo (forte), não abra uma posição, pois, é melhor fazer um número menor de transações com um risco menor do que muitas transações, a maior parte das quais será inútil. Se você perceber que perdeu um bom ponto de entrada, não entre; não alcance o trem que já partiu.

Sempre trabalhe em sua estratégia de negociação, melhore-a, mas não a aplique a cada moeda como um axioma inflexível. Sua estratégia de negociação deve ter uma regra clara e imutável: você precisa determinar os pontos de entrada e saída antes de abrir uma posição.

Quanto ao capital inicial para negociação, seu tamanho não importa muito, porque o principal é o que o mercado exige para um trabalho bem-sucedido: não a quantidade de dinheiro com a qual você entra nele, mas a capacidade de melhorar constantemente a si mesmo para entender o mecanismos do mercado e os interesses de seus participantes.

Em uma palavra, o mercado de criptomoedas agora atrai a maioria das pessoas porque é aberto a iniciantes e oferece grandes perspectivas.

Mesmo durante uma longa queda, todos os comerciantes profissionais sabem que mais cedo ou mais tarde a tendência de baixa terminará, e apenas os profissionais mais inteligentes e dedicados de criptomoeda permanecerão no jogo no momento do início da nova tendência de alta. É por isso que o estudo do comércio de criptomoedas é muito útil. Não desista, porque **todo mundo tem oportunidades iguais neste mercado**. O sucesso depende dos seus esforços pessoais e do seu potencial. Se você ainda está esperando milagres, posso lhe dizer: não haverá :)

Faça o trabalho duro necessário para estar um passo à frente!

Desejo-lhe muitos lucros e até breve :)

GLOSSÁRIO DE TERMOS DE CRIPTOMOEDA

Criptomoeda (Cryptocurrency) é dinheiro digital criado em certos algoritmos usando criptografia. A palavra "criptos" significa "segredo" em grego, daí o nome do dinheiro digital. É difícil falsificar uma criptomoeda por causa desse recurso de segurança. Também é caracterizada pela audibilidade, o que significa que as transações de criptomoeda estão disponíveis publicamente para verificação. A criptomoeda é descentralizada (independente de qualquer computador). A criptomoeda possui um criador (um programador escreveu o código), mas não possui um proprietário que possa tirar tudo de todos, desvalorizar à força ou proibir seu uso.

Satoshi é a menor unidade indivisível do Bitcoin. É nomeado após Satoshi Nakamoto, o criador do Bitcoin. Um Bitcoin contém cem milhões de Satoshis, portanto, é um milhão de milionésimos de um único Bitcoin (0,00000001 BTC).

Altcoin é uma criptomoeda alternativa. Depois que o Bitcoin ganhou popularidade, novas moedas apareceram em abundância. A maioria deles desapareceu tão silenciosamente quanto emergiu, mas alguns ganharam popularidade.

Mineração (Mining) é um processo de usar um computador, uma fazenda, ASICs para mineração de criptomoedas. De fato, um computador consome eletricidade e usa suas capacidades de computação para encontrar a sequência de código necessária, ou seja, resolve problemas de matemática. A mineração pode ser chamada de "impressora", pois a criptomoeda pode ser trocada por "dinheiro fiduciário" ou mercadorias.

Mineiro (Miner) é uma pessoa envolvida na extração de criptomoeda usando todos os meios possíveis para executar as operações de computação necessárias. Computadores pessoais, laptops e smartphones são adequados para essa finalidade (embora os smartphones estejam extremamente expostos ao risco de superaquecimento e falha, agora é ineficaz). A lucratividade da mineração de criptomoeda em casa tende a ser ineficaz, de modo que os mineradores avançados se tornaram agricultores e criptomoeda de minas usando equipamentos especializados - fazendas e ASICs.

ASIC é um circuito integrado específico da aplicação. Isso significa que o ASIC pode ser usado para uma tarefa específica ou para uma gama limitada de tarefas. Conforme aplicado à mineração de criptomoeda, os ASICs são personalizados para trabalhar com um conjunto de algoritmos, o que aumenta sua eficiência em comparação com computadores pessoais, mas apenas em uma área estreita - mineração de criptomoeda.

Farm é o equipamento destinado à mineração de criptomoedas. A produtividade da fazenda varia de acordo com a otimização do hardware e software, mas todos os farms são caracterizados com alto consumo de energia e alta dissipação de calor; portanto, eles precisam ser resfriados.

Mineração em nuvem (Cloud mining) é um mecanismo quando um investidor é oferecido para comprar poder de computação para mineração de criptomoeda. O processo de mineração ocorre automaticamente, sem a sua participação. É popular devido ao alto custo dos equipamentos de mineração e ao aumento da complexidade da rede.

Mineração de PoS (prova de participação) (PoS mining (proof of stake) é a extração de criptomoeda através do armazenamento de uma certa quantia na carteira. Por exemplo, se você tiver uma certa quantidade de moedas de criptomoeda armazenada em sua carteira, receberá moedas adicionais para armazenamento.

Masternode (prova de participação) (Masternode (proof of stake) é uma tecnologia que pode ser comprada de desenvolvedores de criptomoedas para aumentar a lucratividade da mineração de PoS.

Pool é um serviço apresentado por um site na Internet que é usado simultaneamente por um grande número de mineradores para minerar criptomoedas. Um pool pode ser especializado (seus membros exploram a mesma criptomoeda) ou diversificado (seus membros exploram diferentes tipos de criptomoeda). O pool permite que os participantes não se preocupem com o armazenamento da criptomoeda que adquiriram, embora tenha havido casos em que os pools enganaram os mineradores a se separarem do dinheiro. Portanto, piscinas antigas e populares consideradas confiáveis e honestas têm um valor particular.

Complexidade da rede (Network complexity) é um parâmetro que reduz a probabilidade de encontrar o trecho certo de um código em determinados intervalos de tempo. Nesse momento, os mineradores dizem que "a complexidade da rede aumentou". Em outras palavras, menos Bitcoin será extraído amanhã do que ontem, se as capacidades técnicas não mudarem. É por isso que as capacidades técnicas estão constantemente aumentando e melhorando à medida que o equipamento se torna obsoleto dentro de alguns meses.

Endereço Bitcoin (Bitcoin address) é uma combinação única de letras latinas maiúsculas e minúsculas e números de 34 caracteres ou menos. A maioria dos endereços Bitcoin consiste em 34 ou 33 caracteres, mas pode conter menos de 30 caracteres. Isso é explicado pela presença de zeros no início do endereço: se os zeros forem omitidos, o endereço "curto" permanecerá. Cada endereço Bitcoin é único. Está escrito em blockchain e, portanto, a criação de dois idênticos é impossível.

Carteira Bitcoin (Bitcoin wallet) é um software ou site instalado em um computador ou smartphone que permite armazenar chaves e executar operações de envio, armazenamento e recebimento de Bitcoin. De fato, uma carteira não armazena Bitcoin, apenas contém chaves para acessar algum Bitcoin na rede geral. No entanto, a perda de uma carteira leva à perda de chaves, o que torna o Bitcoin vinculado a essas chaves inacessíveis.

Transação é a transferência de moeda de uma carteira para outra.

Pendente é a transação inacabada em andamento.

Fork é uma criptomoeda que apareceu mais tarde, um análogo parcial de seu antecessor.

OIC é o lançamento de criptomoedas em trocas públicas.

Tokens são criptomoedas antes do lançamento da ICO.

Crowdsale é a principal compra de futuros tokens de criptomoeda antes da OIC.

Touros (Bulls) são participantes do mercado de ações que compram produtos baratos e os vendem pelo preço máximo. Assim, eles especulam apenas por um aumento.

Ursos (Bears) são traders que especulam uma queda, muitas vezes derrubando deliberadamente o preço até o ponto mais baixo.

Pump é a compra intencional de ativos em grandes quantidades, visando o aumento artificial de preços no curto prazo.

Dump é a venda intencional de ativos em grandes quantidades, visando o declínio artificial dos preços no curto prazo.

Retenção de dinheiro (Money hold) é uma restrição ao uso, depósito ou retirada de fundos na bolsa.

Pedido (Order) é uma oferta feita para comprar ou vender uma certa quantia de criptomoeda.

Profundidade do mercado (Market depth) é a quantidade da ordem de compra e venda de criptomoedas mais próxima.

Swing é picos de curto prazo em uma pequena faixa de preço.

Pico (Peak) é o preço mais alto dentro de um certo período de tempo, seguido de declínio.

Fiat é uma gíria de corretor para qualquer moeda, exceto para criptomoeda.

Sobre o autor

Alan T. Norman é um hacker orgulhoso, esclarecido e ético da cidade de San Francisco. Depois de receber um bacharelado em ciências na Universidade de Stanford. Alan agora trabalha para uma empresa de tecnologia da informação de tamanho médio no coração da SFC. Ele aspira a trabalhar para o governo dos Estados Unidos como um hacker de segurança, mas também adora ensinar aos outros o futuro da tecnologia. Alan acredita firmemente que o futuro dependerá fortemente dos "geeks" dos computadores, tanto na segurança quanto no sucesso das empresas e nos futuros empregos. Em seu tempo livre, ele gosta de analisar e examinar tudo sobre o jogo de basquete.

Livro de Bônus Bitcoin Whales

Encontre o link para o livro de bônus abaixo

Link no livro: http://bit.ly/2LprwpV

OUTROS LIVROS DO AUTOR

Mastering Bitcoin for Starters (Dominando o Bitcoin para iniciantes)

Cryptocurrency Investing Bible (Bíblia sobre investimentos em criptomoedas)

Blockchain Technology Explained (A tecnologia Blockchain Explicada)

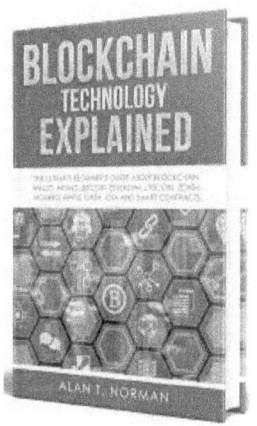

Hacking: Computer Hacking Beginners Guide (Hacking: Hacking de Computador Guia para principiantes)

HACKED: Kali Linux and Wireless Hacking Ultimate Guide (HACKED: Guia definitivo sobre hackers Kali Linux e sem fio)

Uma última coisa...

VOCÊ GOSTOU DO LIVRO?

SE ASSIM, DEIXE-ME SABER DEIXANDO UMA REVISÃO NA AMAZON! Revisões são a força vital de autores independentes. Eu apreciaria até algumas palavras e classificações se isso é tudo o que você tem tempo para fazer

Se você não gostou deste livro, então me diga! Envie-me um e-mail para alannormanit@gmail.com e deixe-me saber do que você não gostou! Talvez eu possa mudar isso. No mundo de hoje, um livro não precisa ser estagnado, ele pode melhorar com o tempo e o feedback de leitores como você. Você pode impactar este livro e agradecemos seus comentários. Ajude a melhorar este livro para todos!

www.ingramcontent.com/pod-product-compliance
Lightning Source LLC
Chambersburg PA
CBHW050155230526
45470CB00001B/98